LECTURES ELI SENIORS B1

Les Lectures ELI présentent une gamme complète de publications allant des histoires contemporaines et captivantes aux émotions éternelles des grands classiques. Elles s'adressent aux lecteurs de tout âge et sont divisées en trois collections : Lectures ELI Poussins, Lectures ELI Juniors et Lectures ELI Seniors. Outre leur grande qualité éditoriale, les Lectures ELI fournissent un support didactique facile à gérer et capturent l'attention des lecteurs avec des illustrations ayant un fort impact artistique et visuel.

FSC
www.fsc.org
MIXTE
Issu de sources responsables
FSC® C019318

La certification du Conseil de la bonne gestion forestière ou FSC certifie que les coupes forestières pour la production du papier utilisé pour ces publications ont été effectuées de maniére responsable grâce à des pratiques forestières respectueuses de l'environnement.

ECO-LIBRIS
www.ecolibris.net

Cette collection de lectures choisies et graduées = 5000 arbres plantés.

Stendhal

Le Rouge et le Noir

Adaptation libre et activités de Monique Blondel
Illustrations de Alberto Macone

LECTURES ELI SENIORS

PIERRE BORDAS ET FILS

Le Rouge et le Noir
Stendhal
Adaptation libre et activités de Monique Blondel
Illustrations de Alberto Macone
Révision de Mery Martinelli

Lectures ELI
Création de la collection et coordination éditoriale
Paola Accattoli, Grazia Ancillani, Daniele Garbuglia (Directeur artistique)

Conception graphique
Sergio Elisei

Mise en page
Sofia Accinelli

Responsable de production
Francesco Capitano

Crédits photographiques
Corbis

B.P. 6 - 62019 Recanati - Italie
Tél. +39 071 750701
Fax +39 071 977851
info@elionline.com
www.elionline.com

Fonte utilisée 11,5 / 15 points Monotype Dante

Achevé d'imprimer en Italie par Tecnostampa Recanati ERA 311.01
ISBN 978-88-536-0794-2

Première édition Février 2012

www.elireaders.com

Sommaire

Les épisodes enregistrés sur CD sont signalés par les symboles :
Début ▶ **Fin** ■

LES PERSONNAGES PRINCIPAUX

Monsieur de Rênal

Abbé Chélan

Sorel père

Marquis De La Mole

Repères

1 Une solution est possible pour compléter le texte qui suit. Coche-la.

Le *Rouge et le Noir* de Stendhal paraît le 13 novembre 1830. Le sous-titre de cette œuvre est « Chronique de 1830 », qui sera précisé ensuite par « Chronique du XIXème siècle ». Cette année-là, un événement historique a eu lieu en France, c'est ...

a ☐ ... la proclamation de la République.
b ☐ ... l'exécution de Louis XVI.
c ☐ ... Louis Philippe est roi des Français.
d ☐ ... le départ de Napoléon à Sainte-Hélène

2 Complète les événements en ordre chronologique avec les solutions de l'encadré.

Napoléon • Louis Philippe • ~~République~~ • Insurrection à Paris
la République • Terreur • Empereur • Waterloo

(21/9/1792) Déclaration de la ....*République*....
a (5/9/1793) Début de la ....
b (18/5/1804) Napoléon devient ....
c (18/6/1815) Défaite de Napoléon à ....
d (15/7/1815) Départ de .... pour Sainte-Hélène
e (28/7/1830) .... (Les Trois Glorieuses)
f (9/8/1830) .... devient roi des Français
g (4/5/1948) Proclamation de ....

3 Réponds aux questions.

1 La France est appelée l'*hexagone,* pourquoi ?
....
....

2 La Franche-Comté, dans quelle partie de *l'hexagone* se trouve-t-elle ? Indique-la dans la carte de France.

a ☐ Nord Ouest
b ☐ Nord Est
c ☐ Sud Ouest
d ☐ Sud Est
e ☐ Centre Est
f ☐ Centre Ouest

3 La capitale régionale de la Franche-Comté est:

a ☐ Belfort
b ☐ Besançon
c ☐ Montbéliard

4 **Contexte politique et social. Lis le texte ci-dessous et réponds à la question qui suit (plusieurs réponses possibles).**

Le XIXème est le siècle du progrès avec de nouvelles techniques comme la machine à vapeur. Ce fait pousse à l'ambition et à la richesse, surtout chez les arrivistes.
Ce siècle débute aussi par l'effondrement de l'Empire de Napoléon 1er, interrompu par la défaite de Waterloo. Cette période napoléonienne fut comme un prolongement des idéaux de réussite individuelle apportés par la Révolution française, pour laquelle tout être humain a droit au succès.
À chaque instant dans *Le Rouge et le Noir*, nous assistons à des luttes de tout genre : dans le clergé, dans la société, entre deux mondes opposés, dans les milieux politiques, mais aussi entre l'hypocrisie et l'honnêteté, l'ennui et l'idéal, l'amour réel et l'amour passion, etc.

Stendhal ajoute au titre de son roman *Chronique de 1830* ou, plus tard, *Chronique du XIXème siècle* : que veut-il surtout décrire à ton avis ?

a ☐ L'ennui dans les salons aristocratiques
b ☐ Les conflits politiques de l'époque
c ☐ La pensée paysanne
d ☐ Les mutations économiques
e ☐ Les inégalités sociales
f ☐ Le dur travail des paysans

Chapitre 1

Verrières - Julien précepteur et naissance de l'amour

▶ 2 Abritée* par une haute montagne, la petite ville de Verrières est l'une des plus jolies de la Franche-Comté* avec ses maisons blanches et leurs toits pointus de tuiles rouges qui s'étendent sur la pente d'une colline. Le Doubs* coule au-dessous de ses fortifications bâties jadis par les Espagnols, maintenant ruinées. Un torrent la traverse et actionne des scies à bois, qui procurent du bien-être à la majeure partie des habitants plus paysans que bourgeois. Mais c'est toutefois la fabrique des toiles peintes qui offre une certaine aisance générale à toute la population.

En entrant dans la ville, on est étourdi par une machine très bruyante : vingt marteaux sont soulevés par une roue que le torrent fait tourner. Chacun de ces marteaux fabrique, chaque jour et grâce au travail de jeunes filles fraîches et jolies, des milliers de clous.

Si un voyageur demande à qui appartient cette fabrique, on lui répond :

— Eh ! elle est à M. le maire.

C'est un homme à l'air très occupé et important. Son visage qui, au premier abord, est agréable, peut vite choquer à cause de son air sûr de soi, mêlé à je ne sais quoi de peu intelligent. On sait enfin que le talent de cet homme-là est de se faire payer exactement ce qu'on lui doit, et de payer lui-même le plus tard possible.

Tel est le maire de Verrières, M. de Rênal.

abritée protégée
Franche-Comté région de l'est de la France
Doubs affluent de la Saône

En montant la grande rue, le voyageur aperçoit une belle maison et des jardins magnifiques encadrés des collines de la Bourgogne*. Cette maison appartient à M. de Rênal. Ses jardins en escalier occupent des terrains qu'il a achetés au poids d'or. Par exemple, cette scie à bois sur laquelle est écrit le nom de Sorel, M. le maire a dû payer très cher le vieux Sorel afin qu'il transporte son usine, qui se trouvait là où la quatrième terrasse est en construction, ailleurs.

La construction d'un mur, servant à éviter des inondations dans la promenade publique qui longe la colline, fait augmenter la réputation de M. de Rênal en tant qu'administrateur, mais on le critique de tailler les platanes du Cours de la Fidélité sous prétexte qu'il aime l'ombre, mais surtout parce que ces platanes ne donnent pas de revenu.

Par un beau jour d'automne, M. de Rênal, ultra*, se promenait donnant le bras à sa femme. Tout en écoutant son mari qui parlait d'un air grave, Mme de Rênal suivait avec inquiétude les mouvements de trois petits garçons. L'aîné, de onze ans environ, s'approchait trop souvent du parapet et faisait semblant d'y monter. Une voix douce appelait alors Adolphe, et l'enfant renonçait à son projet ambitieux.

Mme de Rênal paraissait une femme de trente ans, mais encore assez jolie.

M. de Rênal protestait contre le curé, l'abbé Chélan, parce qu'un monsieur de Paris, M. Appert, libéral*, était venu visiter la prison et le dépôt de mendicité*, mais aussi l'hôpital administré gratuitement entre autres par lui, le maire ; et cela dans le but, au dire de M. de Rênal, de *déverser* le blâme*, ce qu'il ne pardonnerait jamais au curé.

Bourgogne région à l'Est de la France dont la capitale est Dijon
ultra ultraroyaliste
libéral bonapartiste et républicain
dépôt de mendicité abri où se réfugiaient les mendiants
déverser le blâme répandre un jugement défavorable

Mme de Rênal lui répétait timidement :

— Quel mal peut-il faire à ces pauvres gens ?

Il allait se fâcher, quand elle jeta un cri : le deuxième de ses fils courait sur le mur.

— Je veux absolument prendre chez moi le fils Sorel, dit M. de Rênal ; il surveillera les enfants. C'est un jeune prêtre, ou presque, un bon latiniste. Je lui donnerai 300 francs et la nourriture. J'avais des doutes car il a un cousin libéral qui lui a laissé des livres. Mais le curé m'a dit qu'il étudie la théologie. Valenod n'a pas de précepteur pour ses enfants, ajouta-t-il.

— Il pourrait donc nous enlever celui-ci, dit Mme de Rênal.

— Tu approuves donc mon projet ? dit M. de Rênal. Voilà qui est décidé.

— Ah, bon Dieu, mon cher ami, comme tu décides vite !

— C'est que j'aime que les libéraux d'ici voient les enfants de M. de Rênal avec *leur précepteur.*

Cette résolution laissa Mme de Rênal pensive. C'était une femme grande, bien faite. Elle avait l'air simple et jeune sans coquetterie. M. Valenod, le riche directeur du dépôt, un grand jeune homme effronté, lui avait fait la cour, mais sans succès, ce qui avait jeté de l'éclat sur sa vertu.

Le lendemain, le maire de Verrières alla voir le père Sorel.

Celui-ci l'écouta afin de découvrir les intentions de cet homme. Il était très mécontent de Julien et c'était pour lui que M. de Rênal offrait le gage* inespéré de 300 francs par an, avec la nourriture et l'habillement ! M. de Rênal voulait conclure, mais Sorel dit qu'il voulait consulter son fils.

Il appela Julien, qui ne répondit pas. Puis il l'aperçut : il lisait,

le gage la garantie de paiement

dehors, assis sur une poutre. Julien n'entendit pas la voix de son père. Un coup violent fit voler dans le ruisseau son livre, un second lui fit perdre l'équilibre.

— Paresseux ! tu liras toujours tes maudits livres sans travailler ? Lis le soir, chez le curé.

Julien avait les larmes aux yeux pour la perte de ce livre qu'il adorait, le *Mémorial de Sainte-Hélène**.

— Descends, animal, que je te parle !

Faible en apparence, avec des traits réguliers mais délicats, il avait dix-huit ans. De grands yeux noirs exprimaient en cet instant la haine. Des cheveux châtain foncé, plantés fort bas, lui donnaient un petit front.

Dès son enfance, son père avait pensé qu'il vivrait à la charge de sa famille. Alors Julien, méprisé de tous, haïssait ses frères et son père.

À la maison, son père lui dit :

— Réponds-moi sans mentir, chien de *lisard**; quand as-tu parlé à Mme de Rênal ?

— Jamais, je n'ai vu cette dame qu'à l'église. Là, je ne vois que Dieu, répondit-il avec hypocrisie.

— Va faire ton paquet, tu seras précepteur des enfants chez M. de Rênal.

— Qu'aurai-je pour cela ?

— La nourriture, l'habillement et trois cents francs de gages.

— Je ne veux pas être domestique.

— Animal ! qui te parle d'être domestique ? est-ce que je voudrais que mon fils soit domestique ?

— Mais, avec qui mangerai-je ?

le Mémorial de Sainte-Hélène livre rapportant les confidences de Napoléon, prisonnier à Sainte-Hélène

chien de lisard expression péjorative montrant le mépris pour Julien qui lit beaucoup

Cette question déconcerta* le vieux Sorel, qui évita de répondre et le quitta pour aller consulter ses autres fils.

« Il faut renoncer à tout cela », se dit Julien, « plutôt mourir. Je m'engage comme soldat. Mais alors, plus de prêtrise qui mène à tout ! »

Le lendemain, M. de Rênal fit appeler le vieux Sorel.

— Eh bien ! il ne nous reste qu'à voir ce que vous donnerez, dit le vieux Sorel.

— Trois cents francs ! s'écria M. de Rênal indigné.

— C'était votre offre, je ne le nie pas, dit le vieux Sorel ; et par un effort de génie qui n'étonnera que ceux qui ne connaissent pas les paysans francs-comtois, il ajouta, en regardant fixement M. de Rênal : *Nous trouverons mieux ailleurs.*

À ces mots, le maire fut bouleversé. Il revint cependant à lui, et, après une conversation de deux heures où pas un mot ne fut dit au hasard, la finesse du paysan l'emporta sur la finesse de l'homme riche. Ils conclurent pour trente-six francs par mois et Sorel se retira.

Pendant ce temps, Julien, qui voulait mettre ses livres en sûreté, les porta chez un jeune marchand de bois, son ami Fouqué qui habitait dans la haute montagne qui domine Verrières. Le père Sorel lui dit quand il reparut :

— Prends tes guenilles*, et va-t-en chez M. le maire.

Julien se hâta de partir. Mais il jugea qu'il serait utile à son hypocrisie d'aller à l'église.

Tout jeune, il admirait l'état militaire. Pourtant il annonça vouloir se faire prêtre, et il apprit par cœur une bible latine que le curé lui avait prêtée.

En sortant de la magnifique église de Verrières, Julien crut voir du

déconcerta troubla

guenilles vêtements de peu de valeur

sang près du bénitier. C'était de l'eau bénite : des rideaux rouges la faisait paraître du sang. Il eut honte de sa terreur secrète.

« Serais-je un lâche ! », se dit-il pour se donner du courage. « *Aux armes* ! » et il marcha rapidement vers la maison de M. de Rênal.

Dès qu'il en fut tout près, il fut saisi d'une invincible timidité.

Mme de Rênal, le voyant, lui dit :

— Que voulez-vous ici, mon enfant ?

— Je viens pour être précepteur, Madame, lui dit Julien.

Mme de Rênal resta interdite, ils étaient fort près l'un de l'autre à se regarder. Julien n'avait jamais vu une femme avec un teint* si éblouissant lui parler d'un air doux.

Mme de Rênal, heureuse, osa dire à Julien :

— Vous ne gronderez pas trop ces enfants ?

— Moi, les gronder ? dit Julien ; et pourquoi ?

— Mais, est-il vrai, Monsieur, lui dit-elle, que vous savez le latin ?

Ces mots choquèrent l'orgueil de Julien et dissipèrent le charme dans lequel il vivait depuis un quart d'heure.

— Oui, Madame, lui dit-il en cherchant à prendre un air froid, aussi bien que M. le curé.

— Quel âge avez-vous ?

— Bientôt dix-neuf ans.

— Mon fils aîné a onze ans, reprit Mme de Rênal. Mais quel est votre nom ?

— Julien Sorel, Madame. Jamais je ne battrai vos enfants.

Et il porta la main de Mme de Rênal à ses lèvres. Elle fut étonnée de ce geste.

M. de Rênal, qui les avait entendus, arriva. Il dit à Julien :

— Il faut que je vous parle maintenant.

teint coloris du visage

Il le fit entrer dans une pièce ainsi que sa femme.

— M. le curé m'a dit que vous étiez un bon sujet, tout le monde vous traitera ici avec honneur. Voici trente-six francs pour le premier mois ; mais j'exige votre parole de ne pas donner un sou de cet argent à votre père. Et mettez, *Monsieur*, cette redingote*, ajouta-t-il, puis allons acheter des vêtements.

Julien rentra, tout habillé de noir ; il fut présenté aux enfants.

— Je suis ici, Messieurs, pour vous apprendre le latin. Voici la *sainte Bible*. Je vous ferai souvent réciter des leçons, faites-moi réciter la mienne.

Adolphe, l'aîné, avait pris le livre.

— Ouvrez-le au hasard, continua Julien, dites-moi le premier mot, je réciterai par cœur jusqu'à ce que vous m'arrêtiez.

Adolphe ouvrit le livre, Julien récita avec la même facilité que s'il avait parlé français. M. de Rênal regardait sa femme d'un air de triomphe. Et pour que rien ne manque à ce triomphe, M. Valenod et le sous-préfet, curieux, entrèrent. Cette scène valut à Julien le titre de Monsieur ; les domestiques eux-mêmes n'osèrent pas le lui refuser.

Le soir, tout Verrières afflua chez M. de Rênal pour voir la merveille. Julien répondait à tous d'un air sombre afin de garder ses distances. Sa gloire s'étendit si rapidement dans la ville, que peu de jours après M. de Rênal, craignant qu'on ne le lui enlève, lui proposa de signer un engagement de deux ans.

— Non, Monsieur, répondit froidement Julien. Me lier sans vous obliger, je refuse.

Ainsi, M. de Rênal lui-même le respectait.

Les enfants adoraient Julien, lui non ; sa pensée était ailleurs. Aimé parce que son arrivée avait en quelque sorte chassé l'ennui de

redingote ancien manteau d'homme un peu long

la maison, il fut un bon précepteur, mais il n'éprouvait que haine et horreur pour cette haute société où il était admis, à la vérité au bas bout de la table*.

Élisa, la femme de chambre de Mme de Rênal, n'avait pas manqué de devenir amoureuse de lui. Elle fit un héritage et alla se confesser au curé Chélan auquel elle avoua alors son projet d'épouser Julien.

Le curé en fut joyeux ; mais Julien refusait l'offre de cette fille.

— Prenez garde, dit le curé à Julien. Il faut opter ; il s'agit de faire fortune dans ce monde ou dans l'autre. Allez, réfléchissez et revenez dans trois jours. Je ne vois pas en vous l'abnégation des avantages terrestres nécessaires à un prêtre, ajouta le curé, les larmes aux yeux.

Ému, pour la première fois Julien se voyait aimé. « Ah ! ce bon curé Chélan vient de me prouver que je ne suis qu'un sot. »

Élisa parla à Mme de Rênal de son projet de mariage avec Julien.

Alors, Mme de Rênal crut qu'elle allait devenir folle. Elle tomba malade. Le soir même, pourtant, Élisa lui demanda en pleurant de pouvoir lui raconter la raison de sa tristesse.

— Dites, répondit Mme de Rênal.

— Madame, M. Julien me refuse ; des méchants lui auront dit du mal de moi, il les croit. M. le curé n'a pu vaincre sa résistance.

Un torrent de bonheur inonda l'âme de Mme de Rênal. Elle se demanda alors si elle avait de l'amour pour Julien. La cloche du dîner sonna ; Mme de Rênal rougit quand Julien amena les enfants.

Aux premiers beaux jours du printemps, M. de Rênal s'établit avec sa famille dans sa propriété à Vergy*.

La vue de la campagne sembla nouvelle à Mme de Rênal.

Dès le surlendemain, M. de Rênal étant retourné à la ville, Mme de Rênal entreprit des travaux dans le jardin. Cette vie active et gaie plaisait à tous.

au bas bout de la table à l'extrémité de la table

Vergy petite ville de campagne en Franche-Comté

Quelques jours plus tard, étant allée à Vergy acheter du tissu pour de nouvelles robes, elle ramena une jeune cousine, Mme Derville, qui avait été sa compagne au *Sacré-Cœur**.

Julien, de son côté, vivait en véritable enfant et se livrait au plaisir d'exister.

On passait les soirées sous un tilleul, près de la maison.

Un soir, Julien parlait avec animation ; en gesticulant, il toucha la main de Mme de Rênal qui était appuyée sur une chaise. Cette main se retira bien vite ; mais il pensa qu'il *devait* obtenir que l'on ne la retire pas. L'idée de ce *devoir* à accomplir éloigna tout plaisir de son cœur.

Ses regards, le lendemain, quand il revit Mme de Rênal, étaient singuliers ; il l'observait comme un ennemi avec lequel il allait falloir se battre. Cela fit perdre la tête à Mme de Rênal. Elle ne pouvait détacher ses regards des yeux de Julien.

Le fait que Mme Derville soit là permettait à Julien de moins parler et de lire à son aise. Il abrégea les cours des enfants. Un après-midi, la présence de Mme de Rênal lui rappela son *devoir* ; il décida alors que, ce soir-là, sa main resterait dans la sienne.

La nuit vint. Il observa, avec joie, qu'elle serait très noire. Les deux amies se promenèrent tard. Elles jouissaient de ce temps, qui, pour certaines âmes délicates, semblent augmenter le plaisir d'aimer.

Le lendemain, on s'assit enfin, Mme de Rênal à côté de Julien, et Mme Derville près de son amie. Tendu, Julien ne trouvait rien à dire. À neuf heures, il n'avait pas encore osé. Il se dit : À dix heures précises, j'exécuterai ce que je me suis promis de faire, ou je monterai me brûler la cervelle.

Enfin, comme dix heures sonnait, il prit la main de Mme de Rênal,

Sacré-Cœur établissement catholique d'enseignement

qui la retira aussitôt. Julien la saisit de nouveau. Après un dernier effort pour l'ôter, cette main lui resta.

Son âme fut inondée de bonheur, car son supplice cessait et la voix de Mme de Rênal trahissait beaucoup d'émotions.

Mme Derville, fatiguée, voulut rentrer au salon. Julien resta alors en tête à tête avec Mme de Rênal qui, la main dans la sienne, se laissait vivre. Le bonheur d'aimer empêcha les reproches.

Le lendemain, Julien trouva la figure sévère de M. de Rênal, qui lui reprochait de ne pas s'occuper des enfants. Julien dit, assez brusquement :

— J'étais malade.

« Ce jeune sot », se dit M. de Rênal, « s'est fait une réputation. Le Valenod peut le prendre chez lui, ou bien il épousera Elisa. » M. de Rênal fut toutefois grossier, ce qui irrita Julien et pour la première fois Mme de Rênal sentit un désir de vengeance contre son mari.

Au cours de la promenade, elle dit à Julien :

— Mon mari ne viendra pas ; il va renouveler* les matelas.

Julien changea de couleur.

— Sauvez-moi la vie, dit-il à Mme de Rênal. J'ai caché un portrait dans la paillasse* de mon lit. Allez le chercher, mais, je vous prie de ne pas le regarder. C'est un secret.

Mme de Rênal pâlit, mais l'amour la rendait généreuse.

Une fois hors de la crainte d'être surprise par son mari, elle obéit, mais pensa, avec horreur : Julien est donc amoureux !

Julien parut, saisit la boîte sans remercier, et courut dans sa chambre où il la brûla.

renouveler changer

la paillasse sac rempli de paille et servant de matelas

« Le portrait de Napoléon », se disait-il, « trouvé caché chez un homme si ultra et irrité ! »

Une heure après, il rencontra Mme de Rênal et prit sa main qu'il baisa avec sincérité. Elle rougit de bonheur, puis, jalouse, repoussa Julien.

Grammaire

1 **Reconstitue les phrases en partant de l'élément en gras.**

a jolie • paraissait • trente • **Mme de Rênal** • ans • encore • une femme • de •assez

Mme de Rênal paraissait une femme de trente ans encore assez jolie.

b être • **Je** • domestique • pas • ne • veux

....

c l'église • n'ai • **Je** • cette • qu'à • vu • dame

....

d de bonheur • **Mme de Rênal** • puis • Julien • repoussa •rougit

....

e âme • fut• de • car • cessait • bonheur • inondée • **Son** • supplice • son

....

f veux • chez • Sorel • **Je** • absolument • prendre • fils • le • moi

....

g offre • **C'était** • je • pas • le • votre • nie • ne

....

h gronderez • ne • pas • enfants • **Vous** • ces • trop

....

i porta • lèvres • **Il** • la • Mme de Rênal • main • de • à ses

....

j lui • de • reprochait • ne • **M. de Rênal** • enfants • pas • s'occuper • des

....

k premier • réciterai • **Dites-moi** • mot, • par • je • cœur • le

....

Compréhension

2 **Place les phrases de l'exercice 1 selon l'ordre chronologique des événements.**

0..a.. 1...... 2...... 3...... 4...... 5...... 6...... 7...... 8...... 9...... 10......

Compréhension et production orale

3 **Réponds aux questions.**

1 Où la famille de Rênal habitait-elle en hiver ?
2 Où habitaient-ils quand arrivait le printemps ?
3 Combien d'enfants ont les de Rênal ?
4 Pourquoi le maire de Verrières proteste-t-il contre le curé ?
5 Pourquoi M. de Rênal veut-il prendre le fils Sorel chez lui ?
6 Julien était-il un jeune au physique robuste ?
7 Julien était-il content à l'idée d'aller chez les de Rênal comme précepteur ?
8 Que fait Julien avant d'arriver chez les de Rênal ?
9 Julien aide-t-il son père à la scierie ?
10 Pourquoi M. de Rênal reproche-t-il à Julien de ne pas s'occuper de ses enfants ?
11 Qu'est-ce que Julien se promet de faire lorsqu'il est dans le jardin, le soir ?
12 Pourquoi Julien a-t-il si peur que M. de Rênal découvre son portrait de Napoléon ?

Vocabulaire

4 **Cherche les mots du chapitre 1 qui correspondent aux définitions.**

Agglomération peuplée de nombreux habitants : *ville*

a Importante élévation de terrain : ....

b Sérénité matérielle et spirituelle : ....

c Action de contrôler : ....

d Personne chargée de l'éducation d'un enfant à domicile : ....

e Langue morte à l'origine du français : ....

f Première des quatre saisons : ....

g Derniers moments du jour compris entre la tombée du jour et le coucher : ....

h Arbre aux fleurs parfumées dont on fait une tisane : ....

i Sentiment de fierté : ....

j Avoir le visage qui devient de la couleur du sang : ....

DELF – Production écrite

5 **Utilise les mots de l'exercice 4 pour rédiger un court résumé du chapitre 1.**

Verrières est une petite ville de la Franche-Comté

Vocabulaire

6 **Lis le récit du trajet parcouru par Julien dans la montagne pour aller de Vergy au village où habite son ami Fouqué. Associe chaque mot souligné au mot de la liste pouvant le remplacer en adaptant la phrase si nécessaire.**

- **a** ☐ sud
- **b** ☐ intolérable
- **c** ☐ formes
- **d** ☐ sort
- **e** ☐ chemin
- **f** ☐ méandres
- **g** [1] victime de
- **h** ☐ aventurier
- **i** ☐ versants

Pendant que Mme de Rênal était (0) <u>en proie</u> à ce qu'a de plus (1) <u>cruel</u> la passion terrible dans laquelle le (2) <u>hasard</u> l'avait engagée, Julien poursuivait son chemin gaiement au milieu des plus beaux (3) <u>aspects</u> que puissent présenter les scènes de montagnes. Il fallait traverser la grande (4) <u>chaîne</u> au nord de Vergy. Le (5) <u>sentier</u> qu'il suivait, s'élevant peu è peu parmi de grands bois de hêtres, forme des (6) <u>zigzags</u> infinis sur la pente de la haute montagne qui dessine au nord la vallée du Doubs. Bientôt les regards du (7) <u>voyageur</u>, passant par-dessus les coteaux moins élevés qui contiennent le cours du Doubs vers le (8) <u>midi</u>, s'étendirent jusqu'aux plaines fertiles de la Bourgogne et du Beaujolais.

Production orale

7 **Réponds librement aux questions suivantes.**

a Comment imagines-tu les premiers jours de Julien chez les de Rênal ?

b Quel était à ton avis le rôle d'un précepteur au XIXème siècle ?

Chapitre 2

Vergy

M. de Rênal revint dans la chambre des enfants avec les domestiques qui rapportaient les paillasses. L'entrée soudaine de cet homme fut pour Julien la goutte d'eau qui fait déborder le vase.

Plus pâle, plus sombre qu'à l'ordinaire, Julien s'élança vers lui.

— Monsieur, lui dit Julien, croyez-vous qu'avec tout autre précepteur vos enfants auraient fait les mêmes progrès ? Comment osez-vous me dire que je les néglige. Je puis vivre sans vous, je sais où aller, Monsieur.

À ces mots, M. de Rênal vit Julien installé chez M. Valenod.

— Eh bien, Monsieur, lui dit-il avec un soupir, à compter d'après-demain, qui est le premier du mois, je vous donne cinquante francs par mois.

Julien eut envie de rire et resta stupéfait : toute sa colère avait disparu.

« Je ne méprisais pas assez cet animal », se dit-il. Voilà sans doute la plus grande excuse que puisse faire une âme aussi basse.

Les enfants, qui écoutaient cette scène, coururent au jardin dire à leur mère que M. Julien était bien en colère. Julien les suivit par habitude, sans même regarder M. de Rênal, qu'il laissa profondément irrité*.

irrité en une colère qui n'éclate pas

Un instant après, il se retrouva face à M. de Rênal :

— J'ai à parler de ma conscience à M. Chélan ; j'ai l'honneur de vous prévenir que je serai absent quelques heures.

— Eh, mon cher Julien, dit M. de Rênal, en riant de l'air le plus faux, toute la journée, si vous voulez ! Prenez le cheval du jardinier pour aller à Verrières.

Julien s'échappa rapidement et monta dans les grands bois par lesquels on peut aller de Vergy à Verrières. Il ne voulait pas arriver sitôt chez M. Chélan car il avait besoin d'y voir clair dans son âme.

« J'ai gagné une bataille », se dit-il dès qu'il fut loin du regard des hommes, « j'ai donc gagné une bataille ! »

Bientôt, il se trouva debout sur un roc immense et bien sûr d'être séparé des hommes. Cette position le fit sourire. Il retrouva la sérénité et la joie. Le maire de Verrières était toujours à ses yeux le représentant de tous les riches et de tous les insolents de la terre ; mais Julien sentait que la haine qui venait de l'agiter n'avait rien de personnel.

Il apercevait un épervier* parti des grandes roches au-dessus de sa tête décrivant en silence ses cercles immenses. Il enviait cette force, il enviait cet isolement.

C'était la destinée de Napoléon, serait-ce un jour la sienne ?

Il fallut pourtant paraître à Verrières et aller chez l'abbé Chélan. En sortant du presbytère, un heureux hasard fit que Julien rencontra M. Valenod ; il raconta l'augmentation de ses gages.

De retour à Vergy, Julien ne descendit au jardin que lorsque la nuit fut close. Son âme était fatiguée de ce grand nombre d'émotions puissantes qui l'avaient agitée dans cette journée.

épervier oiseau rapace d'Europe occidentale

Les deux cousines l'attendaient avec impatience. Il prit sa place à côté de Mme de Rênal. Comme l'obscurité devint profonde, il serra sa main blanche qu'il voyait sur le dos d'une chaise. Mme de Rênal hésita un instant puis la lui retira avec humeur. Julien était disposé à continuer gaiement la conversation, quant il entendit M. de Rênal qui approchait.

Julien avait encore dans l'oreille les paroles grossières. « Ne serait-ce pas », se dit-il, « une façon de se moquer de cet être, si comblé* des avantages de la fortune, que de prendre possession de la main de sa femme en sa présence ? Oui, je le ferai, moi, pour qui il a témoigné tant de mépris. »

M. de Rênal parlait politique avec colère. Julien, irrité par ses discours, approcha sa joue du joli bras que la robe laissait à découvert et osa y appliquer ses lèvres. Mme de Rênal frémit*. Son mari était à quatre pas, elle se hâta de donner sa main à Julien, et en même temps de le repousser un peu.

Julien couvrait la main qu'on lui avait laissée de baisers passionnés. Cependant la pauvre femme avait eu la preuve, dans cette journée fatale, que l'homme qu'elle adorait, sans se l'avouer, aimait ailleurs ! Elle pensa à sa pâleur subite, à ce portrait qu'elle ne devait pas voir…

« Quoi ! J'aimerais », se dit-elle effrayée et ravie à la fois, « j'aurais de l'amour ! Je n'ai jamais éprouvé pour mon mari cette sombre folie. Lui, il pense à ses affaires. Je ne lui enlève rien pour le donner à Julien. »

Tout à coup l'affreuse parole « adultère » lui apparut lorsqu'elle fut seule. Mme de Rênal ne put fermer l'œil. Elle prit la résolution vertueuse de traiter Julien avec une froideur parfaite quand elle le reverrait.

comblé pleinement satisfait

frémir avoir une légère réaction physique trahissant l'émotion

Le lendemain matin, Julien a obtenu de M. de Rênal un congé de trois jours. Étonné, il désira revoir Mme de Rênal, il songeait à sa main si jolie. Elle arriva tard dans le jardin. Il s'approcha d'elle avec empressement mais il rencontra une froideur glaciale. Cela lui rappela le rang qu'il occupait dans la société. Il voulut montrer que son cœur était à mille lieues de leur insolence. Son orgueil souffrait. Il partit sans en informer Mme de Rênal. Elle eut alors peur de le perdre à jamais. De son côté, lorsque M. de Rênal vit Julien si déterminé, il pensa qu'il avait en poche des propositions de quelqu'un.

Pendant ce temps, Julien poursuivait son chemin gaiement au milieu des plus beaux spectacles qu'offraient les montagnes car, quelque insensible que l'âme de ce jeune ambitieux pouvait être à ce genre de beauté, il ne pouvait s'empêcher de s'arrêter pour regarder.

Enfin il atteignit la vallée solitaire qu'habitait Fouqué, son ami. Mais Julien n'était pas pressé de le voir. Il s'arrêta dans une petite grotte à rêver et où il eut le plaisir d'écrire ses pensées.

« Pourquoi ne passerais-je pas la nuit ici ? », se dit-il, « j'ai du pain, et *je suis libre !* » Au son de ce grand mot, son âme s'exalta. La tête appuyée sur les deux mains, Julien resta dans cette grotte plus heureux qu'il ne l'avait été de la vie. Au milieu de cette obscurité immense, son âme s'égarait dans la contemplation de ce qu'il s'imaginait rencontrer un jour à Paris.

Une nuit profonde avait remplacé le jour, et il avait encore deux lieues à faire pour descendre au hameau habité par Fouqué.

Il étonna son ami en frappant à sa porte à une heure du matin. Il trouva Fouqué qui faisait ses comptes.

— T'es-tu donc brouillé* avec ton M. de Rênal, que tu m'arrives ainsi à l'improviste ?

brouillée en désaccord

Julien lui raconta, mais comme il le fallait, l'événement de la veille.

— Reste avec moi, lui dit Fouqué, je vois que tu as compris la finesse de la haute société. Tu sais l'arithmétique mieux que moi, tu feras mes comptes. Je gagne gros dans mon commerce. Sois mon associé.

Cette offre donna de l'humeur à Julien, elle dérangeait sa folie. Adieu ses rêves de gloire et tous les rêves historiques de sa jeunesse.

Le lendemain matin, Julien répondit d'un grand sang-froid au bon Fouqué, qui regardait l'affaire de l'association comme terminée, que sa vocation pour le saint ministère des autels ne lui permettait pas d'accepter.

En arrivant à Vergy, Julien s'aperçut qu'il n'avait pas pensé à Mme de Rênal. Il fut alors frappé du trouble extrême avec lequel elle écouta le récit de son voyage. L'absence de Julien lui avait causé des souffrances intolérables. Mme Derville avait remarqué que son amie n'avait fait que penser à sa toilette. « Elle aime, l'infortunée ! », se dit-elle, « il n'y a plus de doutes. »

Elle la vit parler à Julien. La pâleur succédait à la rougeur la plus vive, l'anxiété se peignait dans ses yeux attachés sur ceux du jeune précepteur. Mme de Rênal s'attendait à chaque moment qu'il allait s'expliquer, et annoncer qu'il quittait la maison ou y restait.

Mme de Rênal osa enfin lui dire, d'une voix tremblante :

— Quitterez-vous vos élèves pour vous placer ailleurs ?

Julien fut frappé de la voix incertaine et du regard de Mme de Rênal. « Cette femme m'aime », se dit-il, « mais son orgueil lui reproche cette faiblesse, elle reprendra sa fierté. » Il répondit en hésitant :

— J'aurais beaucoup de peine à quitter des enfants *si bien nés*, mais peut-être le faudra-t-il.

Tous les amis de Mme de Rênal, qui, pendant l'absence de Julien, étaient venus dîner à Vergy, lui avaient fait beaucoup de compliments sur l'homme étonnant que son mari avait eu le bonheur de déterrer. Julien, ne parlant à personne, ignorait tout cela. Son orgueil ne pouvait être rassuré.

Il faisait nuit ; à peine fut-on assis, que Julien, usant de son ancien privilège, osa approcher les lèvres du bras de sa jolie voisine, et lui prendre la main. On lui serra la main, ce qui ne lui fit aucun plaisir. Loin d'être reconnaissant du sentiment que Mme de Rênal trahissait ce soir-là par des signes trop évidents, il était insensible.

Il fut maussade* toute la soirée.

« Que connais-je du caractère de cette femme ? », se dit-il.

« Seulement ceci : avant mon voyage, je lui prenais la main ; aujourd'hui je retire ma main, elle la saisit et la serre. Belle occasion de lui rendre tous les mépris qu'elle a eus pour moi. »

Julien éloigna de nouveau sa main de celle de Mme de Rênal, puis il la reprit avec passion.

— Vous me quitterez, vous partirez ?

Julien répondit en soupirant :

— Il faut bien que je parte, car je vous aime avec passion… c'est ma faute…

Éprouvant l'innocence de son bonheur, Mme de Rênal pensa ne rien accorder à Julien, il restera un ami pour elle.

Mais, d'après les confidences que lui avait faites Fouqué, et le peu qu'il avait lu sur l'amour dans la Bible, Julien se fit un plan de campagne fort détaillé.

Le lendemain matin, Mme de Rênal fut un instant seule avec Julien :

— N'avez-vous pas d'autre nom que Julien ? lui dit-elle.

maussade de mauvaise humeur

Notre héros ne sut que répondre. Cette circonstance n'était pas prévue dans son plan. C'est cette sottise de faire un plan qui lui valut toute sa gaucherie.

— Ton petit précepteur m'inspire beaucoup de méfiance, lui disait Mme Derville. Il n'agit qu'avec politique. C'est un sournois*.

Julien resta profondément humilié de n'avoir su que répondre à Mme de Rênal. Il pensa qu'il se devait de réparer cet échec et, passant d'une pièce à l'autre, il donna un baiser à Mme de Rênal. Elle le crut fou car ils furent sur le point d'être aperçus. Effrayée et choquée, elle pensa pourtant avec une joie inexprimable que c'était là la timidité de l'amour dans un homme d'esprit. Mais Julien, qui s'était obstiné à jouer le rôle d'un don Juan pendant toute la journée et qui fut sot à mourir, n'eut qu'une idée juste ; ennuyé, il voyait avec effroi s'avancer la soirée où il serait assis au jardin, à côté de Mme de Rênal et dans l'obscurité, il demanda donc à aller à Verrières voir le bon curé qui déménageait, afin de l'aider.

Rentré le soir même, le lendemain fut une journée maussade ; sur le soir une idée ridicule lui vint, et il la communiqua à Mme de Rênal lorsqu'ils furent assis au jardin :

— Madame, cette nuit, à deux heures, j'irai dans votre chambre, je dois vous dire quelque chose.

Mme de Rênal répondit avec une indignation réelle. Il crut voir du mépris dans sa réponse.

Lorsque Julien fut dans sa chambre, de mauvaise humeur et humilié, il ne dormit point. Deux heures sonnèrent à l'horloge du château. Il se vit au moment de l'événement le plus pénible.

« Je puis être inexpérimenté et grossier comme il appartient au fils d'un paysan. Mme Derville me l'a fait bien entendre, mais du moins je ne suis pas faible », se disait-il.

sournois qui dissimule des intentions par malveillance

Sans souliers, il alla écouter à la porte de M. de Rênal qui ronflait. Il n'avait donc plus de prétextes pour ne pas y aller. Il ouvrit la porte de Mme de Rênal sans faire de bruit.

— Malheureux ! s'écria-t-elle. Il ne répondit pas à ses reproches.

Quelques heures après, quand Julien sortit de la chambre de Mme de Rênal, on aurait pu dire qu'il n'avait plus rien à désirer. Être heureux, être aimé, n'est-ce pas ça ? « Ai-je bien joué mon rôle ? »

Et quel rôle ? celui d'un homme accoutumé à être brillant avec les femmes.

Mme de Rênal avait été trop agitée pour s'apercevoir de sa sottise.

Le lendemain, la jeune femme ne pouvait regarder Julien sans rougir et ne pouvait vivre un instant sans le regarder. Lui, prudent, ne leva qu'une seule fois les yeux sur elle.

« Est-ce qu'il ne m'aime plus ? », se dit-elle.

En passant de la salle à manger au jardin, elle lui serra la main. Il la regarda avec passion ; il la trouva jolie. Ce regard consola Mme de Rênal mais inquiéta Mme Derville : elle crut Mme de Rênal sur le point de succomber. Mais Mme de Rênal tremblait qu'il ne vienne pas cette nuit-là car elle l'avait tant grondé* de l'imprudence qu'il avait faite. Elle quitta le jardin de bonne heure pour aller dans sa chambre.

Quand une heure du matin sonna, il parut chez Mme de Rênal.

Ce jour-là, bien qu'encore ambitieux, il trouva plus de bonheur, car il songea moins au rôle à jouer ; c'était la joie de posséder, lui, un être méprisé, une femme aussi noble et belle. Quand il oubliait son ambition, Julien admirait cette femme. Il la trouvait belle, bonne et douce. Mme de Rênal se délectait* à instruire ce jeune homme rempli de génie.

grondé réprimandé

délectait éprouvait un vif plaisir

Mme Derville quitta Vergy, Mme de Rênal se retrouva donc en tête à tête avec son amant.

Un soir, au fond du jardin, assis auprès de son amie, loin des importuns, il rêvait profondément. Son âme était tout occupée de la difficulté de décider de son avenir, il déplorait ce grand accès de malheur qui termine l'enfance et gâte les premières années de la jeunesse peu riche.

— Ah ! s'écria-t-il, que Napoléon était bien l'homme envoyé de Dieu pour les jeunes français ! Comment ne pas le regretter !

Il vit tout à coup Mme de Rênal froncer les sourcils, elle prit un air froid et dédaigneux*. Il avait oublié pendant un instant que Mme de Rênal avait été élevée dans le camp ennemi.

Il n'osa plus rêver avec abandon.

Fouqué avait donné à Julien des livres que lui, élève en théologie, il n'aurait jamais pu demander à un libraire. Il devait à Mme de Rênal de comprendre ces livres d'une façon toute nouvelle. Il avait osé poser des questions sur une foule de petites choses, dont l'ignorance arrête l'intelligence d'un jeune homme né hors de la société.

Cette éducation de l'amour, donnée par une femme extrêmement ignorante, fut un bonheur. Julien arriva à voir la société telle qu'elle était. A son inexprimable joie, un voile tomba de devant ses yeux car il comprit enfin les intrigues compliquées entendues auprès du préfet de Besançon. Elles étaient appuyées par des lettres venues de Paris, et écrites par ce qu'il y avait de plus illustre. Il s'agissait de faire de l'homme le plus dévot du pays, et très riche, le premier adjoint du maire de Verrières, qui pouvait fermer un œil sur des irrégularités.

Julien compris enfin les demi-mots qu'il avait surpris quand la haute société venait dîner chez M. de Rênal.

dédaigneux qui montre du mépris

Compréhension

1 Coche la bonne réponse pour compléter chacune de ces phrases.

Quand il vit Julien, M. de Rênal eut peur :
A ☐ que Julien parte faire une promenade ;
B ☐ que Julien passe son temps à lire ;
C ☑ que Julien le quitte pour aller chez M. Valenod comme précepteur.

1 Voyant Julien en colère, les enfants :
A ☐ se mirent à crier ;
B ☐ allèrent voir leur mère ;
C ☐ allèrent faire leurs devoirs.

2 Julien était en colère :
A ☐ et il éprouvait de la haine uniquement pour M. de Rênal ;
B ☐ mais n'éprouvait pas de haine pour M. de Rênal ;
C ☐ mais n'éprouvait de haine que pour lui-même.

3 Sur un gros rocher, Julien éprouvait :
A ☐ beaucoup de bonheur ;
B ☐ un trop fort sentiment de solitude ;
C ☐ beaucoup de tristesse.

4 Mme de Rênal et sa cousine attendaient Julien :
A ☐ pour se promener jusqu'au fond du jardin ;
B ☐ pour converser assis sous un tilleul ;
C ☐ pour commenter des journaux.

5 Julien voulait prendre la main de Mme de Rênal :
A ☐ pour se venger de M. de Rênal ;
B ☐ pour contrôler si elle était froide ;
C ☐ parce qu'elle était douce.

6 Mme de Rênal fut prise de jalousie envers Julien :
A ☐ parce qu'il aimait une autre femme ;
B ☐ parce qu'elle croyait qu'il aimait une autre femme ;
C ☐ parce qu'elle l'avait vu avec sa cousine.

7 Lorsque Mme de Rênal pensa à l'adultère :
A ☐ elle se mit à rire ;
B ☐ elle se crut folle ;
C ☐ elle fut très tourmentée et ne put dormir.

8 Lorsque Julien remarqua la grande froideur de Mme de Rênal :
A ☐ il pensa qu'étant un paysan, il n'était pas digne d'elle ;
B ☐ il pensa qu'il voudrait étudier pour être à sa hauteur ;
C ☐ il fut convaincu qu'elle avait de la haine pour lui.

9 Dans la grotte avant d'arriver chez Fouqué, Julien :
A ☐ dormit toute la nuit ;
B ☐ resta deux jours et deux nuits ;
C ☐ ne resta que quelques heures.

10 Julien s'aperçut que Mme de Rênal l'aimait :
A ☐ parce qu'elle lui posa des questions d'une voix incertaine ;
B ☐ parce qu'elle ne le regarda pas ;
C ☐ parce qu'elle refusa de lui parler.

11 Julien alla, la nuit, dans la chambre de Mme de Rênal :
A ☐ parce qu'il l'aimait éperdument ;
B ☐ parce qu'elle était tombée amoureuse de lui ;
C ☐ pour se prouver à lui-même qu'il n'était pas faible.

12 Julien comprit enfin les demi-mots qu'il avait surpris dans les discours de la haute société :
A ☐ dans ses conversations avec Mme de Rênal ;
B ☐ dans les livres que Fouqué lui donnaient;
C ☐ par l'abbé Chélan.

Vocabulaire

2 **Stendhal intitule son livre *Le Rouge et le Noir – Chronique de 1830*, puis il changera le sous-titre en Chronique du XIXème siècle, parce qu'il fera allusion aux événements politiques et sociaux. Complète le texte avec les mots de l'encadré.**

liberté • fils • ~~société~~ • noblesse • sociale • naissent • pouvoir atmosphère • orgueilleux • jeunes • actions • aristocrates

Lorsque Stendhal écrit *Le Rouge et le Noir* en 1830, il se rend compte que la (0) ...société... vit un grand malaise car trop d'événements historiques se sont succédé en peu d'années. Depuis les années de Révolution française, un idéal de (1) .... a continué d'exister justement avec Napoléon qui a représenté la réussite individuelle de toute personne indépendamment de son origine (2) .... Mais les Restaurations, surtout la seconde qui sera définitive, cherchera à effacer les traces de la Révolution française. L'(3) .... sociale de la Restauration, ennuie fortement les (4) .... qui n'ont plus de points de repère. Dirigée par la (5) .... et par le clergé, elle impose des normes de comportement stricts, l'Église catholique cherche à influencer l'État, ainsi (6) .... de nombreuses intrigues principalement voulues par les jésuites qui ont un énorme (7) .... sur le clergé, et les ultra-royalistes qui se confrontent aux libéraux. Voilà pourquoi Julien Sorel voudrait tant imiter les (8) .... de Napoléon ou tout au moins l'admire tant, alors que les jeunes (9) ...., qu'il trouve vides, l'irritent. Et voilà aussi pourquoi il est si (10) .... et vise si fortement à une ascension sociale, lui qui n'est que le (11) .... d'un scieur de planches.

ACTIVITÉS DE PRÉ-LECTURE

Grammaire

3 **Complète le texte qui suit avec des prépositions simples ou articulées. Choisis-les dans la liste ci-dessous.**

~~de~~ (6) • dans • devant • avec (2) • des • à

À sept heures, Mme de Rênal arriva (0) ..de..... Vergy (1) .... Julien et les enfants. Elle trouva son salon rempli (2) .... dames libérales qui prêchaient l'union (3) .... partis et venaient la supplier de faire en sorte que son mari s'engage (4) .... accorder une place aux leurs dans la garde d'honneur. L'une d'elles prétendait que si son mari n'était pas élu, (5) .... chagrin il ferait faillite. Mme de Rênal renvoya bien vite tout ce monde. Elle paraissait fort occupée.
Julien fut étonné et encore plus fâché qu'elle lui fit un mystère (6) .... ce qui l'agitait. « Je l'avais prévu », se disait-il (7) .... amertume, son amour s'éclipse (8) .... le bonheur de recevoir un roi (9) .... sa maison. Tout ce tapage l'éblouit. Elle m'aimera (10) .... nouveau quand les idées de sa caste ne lui troubleront plus la cervelle.
Chose étonnante, il l'en aima davantage.
Il voulut lui parler. Elle s'enfuit en refusant (11) .... l'écouter.

DELF – Production orale

4 L'abbé Pirard présente la famille de M. de La Mole à Julien lorsqu'ils arrivent à Paris. Lis le texte. Maintenant Julien se présente lui-même, que dit-il de lui ?

— Ah ! dit l'abbé, j'ai pris des informations pour vous ; j'oubliais la famille de M. de La Mole. Il a deux enfants, une fille et un fils de dix-neuf ans, élégant par excellence, espèce de fou, qui ne sait jamais à midi ce qu'il fera à deux heures. Il a de l'esprit, de la bravoure ; il a fait la guerre d'Espagne. Le marquis espère, je ne sais pourquoi, que vous deviendrez l'ami du jeune comte Norbert. J'ai dit que vous étiez un grand latiniste, peut-être compte-t-il que vous apprendrez à son fils quelques phrases toutes faites, sur Cicéron et Virgile.

Vous verrez encore, ajouta-t-il, Mme la marquise de La Mole. C'est une grande femme blonde, dévote, hautaine, parfaitement polie, et encore plus insignifiante.
L'abbé Pirard avait perdu son ton de voix cruel. Julien lui dit :
— J'ai été haï de mon père depuis le berceau ; c'était un de mes grands malheurs ; mais je ne me plaindrai plus du hasard, j'ai retrouvé un père en vous, Monsieur.

Chapitre 3

Ascension sociale de Julien

Le trois septembre, un gendarme réveilla tout Verrières. Il apportait la nouvelle que Sa Majesté le roi de*** arrivait le dimanche suivant : le préfet demandait que l'on nomme une garde d'honneur. On avertit M. de Rênal qui arriva dans la nuit et trouva toute la ville en émoi*.

À sept heures, Mme de Rênal arriva de Vergy avec Julien et les enfants. Étant fort occupée, Julien fut étonné qu'elle lui fasse mystère de ce qui l'agitait. « Son amour s'éclipse », pensa-t-il.

Avec une adresse formidable, elle obtint du sous-préfet que Julien soit nommé garde d'honneur de préférence. M. Valenod donna un de ses chevaux à Julien, l'être qu'il haïssait le plus.

Un coup de canon annonça le grand évènement et on remarqua que le premier cavalier était un joli garçon au comble du bonheur. Quand elles reconnurent le fils du charpentier, les dames y virent l'intrigue* de Mme de Rênal.

Â peine le roi fut-il dans l'église que Julien se changea et rejoignit l'abbé Chélan qu'il suivit auprès de l'évêque d'Agde récemment nommé. C'était un neveu de M. de La Mole.

On entra dans l'église. Julien eut le bonheur d'être à six pas du roi. Il remarqua, pour la première fois, un petit homme au regard vif. On apprit que c'était le marquis de La Mole, le vieil ami de l'abbé Chélan.

émoi trouble suscité par l'émotion

intrigue actions secrètes pour faire réussir ou échouer une affaire

Huit jours après le passage du roi, on ne parlait dans les salons que de la garde à cheval Julien Sorel.

Peu après le retour à Vergy, Stanislas-Xavier, le plus jeune des enfants, tomba malade ; Mme de Rênal fut immédiatement prise de remords* car elle se reprocha son amour.

Une nuit, son fils fut au plus mal et Mme de Rênal se jeta aux pieds de son mari. Julien crut qu'elle allait se perdre* à jamais en lui faisant des aveux. Mais, importuné, M. de Rênal dit à sa femme en s'en allant :

— Adieu, Adieu !

— Va-t-en, dit-elle tout à coup à Julien.

— Je donnerais mille fois ma vie pour t'aider, répondit-il. Si tu veux, je te quitte pendant huit jours. Songe que je ne pourrais plus revenir si tu parles.

Enfin Stanislas ne fut plus en danger.

Élisa, qui haïssait Julien parce qu'il avait refusé de l'épouser, raconta à M. Valenod ce qui se passait. Comment ! Cette femme a pris pour amant un petit ouvrier ! pensa M. Valenod.

Dès le soir même, M. de Rênal reçut de la ville une longue lettre anonyme qui lui apprenait ce qui se passait chez lui.

Julien demanda à Mme de Rênal d'être prudente, mais celle-ci crut que c'était un prétexte pour ne pas la voir. Dans la nuit, elle tenta d'entrer dans la chambre de Julien en vain car la porte en était fermée à clé. Elle lui écrivit donc une longue lettre passionnée pour lui dire combien elle l'aimait et poursuivit en disant :

— *Tout mon but est de faire penser à mon mari que la lettre vient de M. Valenod. Si tu quittes la maison, va à Verrières. Là, lie-toi d'amitié avec tout le monde, même avec les libéraux. Ne va pas te fâcher avec M. Valenod.*

remords malaise psychologique dû à mauvaise conscience

se perdre perdre toute dignité

Puis, tu vas me fournir une lettre anonyme que pourrait m'avoir adressée M. Valenod sur mon comportement. Je la ferai voir à mon mari. Ensuite je lui demanderai de t'éloigner.

Depuis l'ouverture de la lettre, l'existence de M. de Rênal avait été affreuse. Il craignait pour sa fortune car sa richesse venait de sa femme. Mme de Rênal se dit que son sort dépendait de ce qu'il allait penser en l'écoutant. En entrant dans le jardin, elle le vit.

— J'exige que vous renvoyiez ce M. Julien. Il ira chez M. Valenod.

— Vous parlez-là comme une sotte que vous êtes.

— Monsieur, lui répondit-elle, je parle comme une femme outragée dans son honneur. Il convient que Julien fasse un voyage.

Un peu avant la cloche du dîner, Julien rentra avec les enfants. Mme de Rênal put lui raconter sa conversation avec son mari.

— À cette nuit les détails, dit-elle.

— Je vous trouve aveuglée par votre amour, lui dit-il avec froideur. Y a-t-il de la prudence à nous voir ce soir ? Songez à la haine passionnée qu'Élisa a pour moi. Si le hasard veut que M. de Rênal parle à Élisa, elle peut tout lui apprendre.

— Quoi ! pas même du courage ! dit Mme de Rênal.

À peine arrivé à Verrières, Julien se reprocha son injustice envers Mme de Rênal car elle avait réussi auprès de son mari.

M. Chélan, destitué*, avait loué deux chambres pleines de livres. Julien lui bâtit alors une bibliothèque où les ranger.

— Je te croyais corrompu par la vanité du monde, lui disait le vieillard.

Le troisième jour, Julien vit le sous-préfet qui lui proposa de quitter M. de Rênal pour entrer chez un fonctionnaire. La réponse de Julien fut parfaite. Devinant qu'il s'agissait de Valenod, il laissa tout entendre sans ne rien dire. Le sous-préfet fut étonné de le trouver plus jésuite que lui.

destitué privé de sa fonction

Plus tard, Julien rencontra M. Valenod auquel il raconta son intention d'aller étudier à Besançon. Ce dernier l'invita à dîner.

Là, au milieu de fonctionnaires publics accompagnés de leurs femmes, Julien fut choqué par ce luxe grossier obtenu au détriment des pauvres*.

Au bout d'un moment, on entendit au loin l'un des reclus chanter. M. Valenod fit donner l'ordre qu'il s'arrête. Julien demanda :

— On ne chante plus cette chanson ?

— Parbleu ! J'ai fait imposer silence aux gueux*.

Ce mot fut trop fort pour Julien ; il avait les manières, mais non pas encore le cœur de son succès. Malgré toute son hypocrisie, une grosse larme coula le long de sa joue.

Il fut tiré de ses pensées par des questions sur ses études du Nouveau Testament. On lui mit un livre dans les mains et il récita. Sa mémoire fut fidèle ; ce fut alors un triomphe.

Un matin, il se sentit réveiller par deux mains qui lui fermaient les yeux. C'était Mme de Rênal, suivie des enfants. Julien fit bon accueil à tous. Il lui semblait retrouver sa famille.

Il raconta tous les dîners qu'il avait subis.

Tout à coup la porte s'ouvrit : c'était M. de Rênal. La figure sévère contrasta avec la joie que sa présence chassa. Mme de Rênal pâlit. Comme sa femme lui vantait la grâce de Julien envers ses élèves, il répliqua :

— Oui ! oui ! je le sais, il me rend odieux à mes enfants.

Mme de Rênal ignorant ces mots, exprima le désir de vouloir faire des emplettes* en ville. M. de Rênal laissa sa femme dans la première boutique. Il marchait seul depuis un moment quand il rencontra M. Valenod, qui régnait à Verrières sous ses ordres. Beaucoup plus

au détriment des pauvres au préjudice des pauvres
gueux mendiants
emplettes achats

actif et ne rougissant de rien, M. Valenod avait fini par offrir une somme d'argent de son maire au clergé afin d'en recevoir de la considération, ce qui blessa M. de Rênal.

La famille de Rênal repartit pour Vergy, mais dès le lendemain Julien les vit revenir à Verrières. Il découvrit que Mme de Rênal lui faisait mystère de quelque chose. Jaloux, il devint alors froid et réservé. Mais Julien comprit qu'il s'agissait d'une vente aux enchères truquée. Il découvrit le jeu des faveurs de la politique que M. de Rênal, ultra qui ne vole pas, n'a pourtant pu éviter.

Une chose étonnait Julien : les semaines solitaires passées à Verrières, chez M. de Rênal, avaient été pour lui une époque de bonheur.

Bientôt, la famille de Rênal quitta Vergy parce que l'hiver arrivait.

Tout Verrières parlait des amours de Mme de Rênal mais ne comprenaient pas l'indifférence de M. de Rênal. Ainsi, à l'automne, on donna à M. de Rênal les soupçons les plus cruels.

Le curé Chélan fit appeler Julien :

— Je ne vous demande rien, lui dit-il, mais j'exige que vous partiez pour le séminaire de Besançon ou pour la demeure de votre ami Fouqué. J'ai tout prévu, mais il faut partir, et ne pas revenir à Verrières avant au moins un an.

Julien ne répondit point… Il courut enfin prévenir Mme de Rênal qu'il trouva au désespoir. Son mari lui avait parlé : pensant à son héritage, il voulait la croire innocente, malgré l'opinion publique.

— Nous avons besoin de fermeté, mon ami, dit Mme de Rênal à Julien. Si je meurs, promets-moi de ne jamais oublier mes enfants.

— Je partirai ; ils le veulent ; vous le voulez vous-même. Mais, trois jours après mon départ, je reviendrai vous voir de nuit.

Julien l'aimait donc bien.

Dès cet instant, la conduite de Mme de Rênal fut noble et convenable.

M. de Rênal rentra bientôt ; il était hors de lui. Il parla enfin à sa femme de la lettre anonyme reçue deux mois auparavant.

— Je vais montrer à tous qu'elle est de ce Valenod. Je me battrai avec lui, lui disait-il.

Mme de Rênal lui fit comprendre qu'il fallait au contraire marquer plus d'amitié à M. Valenod, mais que Julien devait quitter Verrières pour entrer au séminaire de Besançon.

Enfin Julien quitta Verrières.

La nuit du troisième jour, comme promis, il parut devant Mme de Rênal qui, fort malheureuse à cause de cette séparation, était pétrifiée*. Julien finit par être frappé des embrassements sans chaleur de ce cadavre vivant.

Il se remit en route et aperçut enfin des murs noirs : c'était la citadelle de Besançon.

Il voulut visiter la ville avant d'entrer au séminaire et, passant devant un café, il y entra. Mais, timide, le courage lui manquait de demander une tasse de café.

— Monsieur ! lui dit la demoiselle du comptoir.

Julien rencontra de grands yeux bleus fort tendres.

— Madame, je viens pour la première fois de ma vie à Besançon ; je voudrais bien avoir, en payant, un pain et une tasse de café. ... Quel est votre nom ? ajouta Julien en souriant.

— Amanda Binet.

— Je m'appelle Julien Sorel. On m'envoie au séminaire.

Malgré la désillusion d'Amanda, les deux jeunes gens prirent

pétrifié effrayé

confidence. Julien projetait déjà de la revoir. Mais le fiancé d'Amanda entra et celle-ci demanda à Julien de sortir.

Il vit de loin la croix de fer doré de la porte, approcha, les jambes tremblantes.

Voilà donc cet enfer sur la Terre. Enfin il se décida à sonner. Au bout de dix minutes, un homme fort pâle vint lui ouvrir. Julien lui dit qu'il désirait parler à M. Pirard, le directeur. L'homme lui fit signe de le suivre et le fit entrer dans une chambre sombre et basse. Là, Julien fut laissé seul ; un silence de mort régnait partout.

Le portier reparut et lui fit signe d'avancer. Il entra dans une pièce plus grande où il aperçut un homme assis devant une table ; il avait l'air en colère.

L'homme, qui écrivait, leva la tête.

— Voulez-vous approcher ? dit cet homme avec impatience.

Julien s'avança d'un pas mal assuré.

— Votre nom ?

— Julien Sorel.

— Vous m'êtes recommandé par M. Chélan, mon ami depuis trente ans. M. Chélan m'a dit qu'il voudrait que vous ayez une bourse.

Peu à peu Julien sentit diminuer l'horreur qui l'avait glacé.

M. Pirard ajouta :

— Vous êtes recommandé ; ce ne sera ni faveur, ni faiblesse, mais redoublement de soins et de sévérité. Allez, fermez cette porte à clé.

Julien remarqua qu'une petite fenêtre donnait sur la campagne. Il regarda les arbres ; cette vue lui fit autant de bien que s'il avait aperçu des amis.

— *Loquerisme linguam latinam ?* (Parlez-vous latin ?) lui dit l'abbé Picard, comme il revenait.

— *Ita, pater optime* (oui, mon très cher père), répondit Julien.

L'entretien en latin surprit l'abbé Pirard : il examina Julien sur la théologie et y reconnut l'enseignement de M. Chélan.

— La bourse que vous sollicitez vous est accordée, dit-il après avoir souri pour la première fois.

Le directeur appela le portier.

— Allez installer Julien Sorel dans la cellule n. 103.

C'était une petite chambre au dernier étage de la maison ; Julien remarqua qu'elle donnait sur la pleine du Doubs. Il s'assit sur l'unique chaise de bois, et tomba aussitôt dans un profond sommeil.

Il n'entendit pas la cloche du souper et quand les premiers rayons du soleil le réveillèrent le lendemain matin, il se hâta de descendre. Il était en retard.

Julien se vit l'objet de la curiosité générale. Il fut réservé et silencieux car il considéra ses camarades comme des ennemis.

Toutes les premières démarches de notre héros furent, comme le choix de son confesseur M. Pirard, des étourderies*. Il connut un monde hostile et grossier et s'isolait de camarades qui ne pensaient qu'à manger, tout en se conformant à leur comportement.

Il travaillait beaucoup à apprendre des choses utiles, très fausses à ses yeux.

Suis-je oublié de toute la terre ? pensait-il.

Il ne savait pas que M. Pirard avait reçu et jeté au feu des lettres où perçait la passion la plus vive.

Se sentant très seul dans cet environnement hideux, il regretta son ambition. Son intelligence agile et droite inspirait une telle horreur à ses camarades qu'ils le surnommèrent MARTIN LUTHER, surtout, disaient-ils, à cause de cette infernale logique qui le rend si fier.

étourderies maladresses

Il était trop différent pour plaire. Il n'y avait que le professeur, l'abbé Chas-Bernard, qui lui témoignait de l'amitié.

Un soir, l'abbé Pirard l'appela :

— C'est demain la fête du *Corpus Domini*. M. l'abbé Chas-Bernard a besoin de vous pour l'aider à orner la cathédrale.

Le lendemain, il se rendit sur les lieux. L'abbé Chas lui dit qu'il s'agissait de revêtir tous les piliers de damas rouge à trente pieds de hauteur. Julien vit qu'il fallait monter sur l'échelle avec courage et que son agilité lui serait utile. Le travail terminé, l'abbé Chas-Bernard le serra dans ses bras.

— *Optime*, s'écria le bon prêtre, je conterai ça à Monseigneur.

Après la cérémonie, l'abbé Chas demanda à Julien de garder les lieux. L'église, silencieuse, rendit plus douce la rêverie de Julien. Alors il vit deux femmes fort bien habillées dont l'une détourna un peu la tête en entendant les pas de Julien. Tout à coup elle jeta un petit cri, et se trouva mal.

À sa grande surprise, Julien reconnut Mme de Rênal et son amie Mme Derville.

— Fuyez, fuyez ! lui dit Mme Derville.

Julien, ému, s'éloigna. Julien ne s'était pas encore remis de l'événement, lorsqu'un matin l'abbé Pirard le fit appeler.

— M. l'abbé Chas-Bernard m'a écrit en votre faveur. Je vais quitter cette maison. Je vous fais répétiteur pour le Nouveau et l'Ancien Testament.

Julien s'approcha de l'abbé Pirard et lui prit la main, qu'il porta à ses lèvres.

L'abbé Picard le regarda avec étonnement. Ravi, Julien s'aperçut que ses camarades commençaient à moins le haïr.

Les examens arrivèrent. Julien était le premier mais les

examinateurs, nommés par le grand vicaire de Frilair le dégradèrent aux dernières places car il était le benjamin* de l'abbé Pirard, janséniste, auquel M. de Frilair essayait d'enlever la direction du séminaire. Julien n'eut ni colère, ni vengeance, ni découragement face à cette injustice.

L'abbé Pirard était en amitié avec le marquis de La Mole pour s'être occupé d'un long procès du marquis de La Mole contre l'abbé Frilair. Il raconta au marquis qu'on voulait l'obliger à donner sa démission. Le marquis de La Mole l'aida à obtenir une belle cure* près de Paris, et vu son estime pour lui, il lui proposa d'être son secrétaire. Celui-ci refusa, mais lui proposa Julien.

C'est ainsi que Julien quitta Besançon. Mais la nuit, avant minuit, Julien était chez Fouqué, dont l'esprit sage fut plus étonné que charmé de l'avenir qui semblait attendre son ami.

Arrivé à Verrières, il alla tout d'abord chez l'abbé Chenal qui l'incita à partir 'sans voir personne'. Mais vers une heure du matin, il traversa les jardins de Mme de Rênal et arriva à sa fenêtre.

— Sortez, quittez-moi à l'instant*, dit-elle.

Ils en vinrent pourtant à se raconter l'un l'autre comment s'étaient déroulés tous ces mois et arrivèrent enfin à une tendre amitié.

Puis Julien annonça à Mme de Rênal qu'il quittait le séminaire. Alors Mme de Rênal se jeta dans ses bras et fit tout son possible pour que Julien ne doute pas de son amour.

Julien passa toute la journée du lendemain dans la chambre de Mme de Rênal. Dans la nuit, M. de Rênal fut sur le point de les surprendre par deux fois. La seconde, Julien eut à peine le temps de sauter par la fenêtre. Mme de Rênal ouvrit enfin à son mari bouillant de colère*. Celui-ci regarda dans la chambre, sans mot dire.

benjamin le plus jeune d'une famille ; ici : le protégé
cure presbytère, habitation du curé
à l'instant immédiatement
bouillant de colère très irrité

Comme Julien courait, il entendit siffler une balle, et aussitôt après le bruit d'un coup de fusil. Il entendit des voix et vit le domestique, son ennemi, tirer un coup, sans l'atteindre.

DELF – Compréhension

1 Réponds aux questions suivantes en citant le texte.

Pourquoi la ville de Verrières est-elle en émoi le trois septembre ?
La ville de Verrières est en émoi parce qu'un roi arrive

1 Quel événement fait que Mme de Rênal se reproche son amour pour Julien ?

2 Pour quelle raison M. de Rênal ne veut-il pas croire à l'infidélité de sa femme ?

3 Quel événement provoque beaucoup de peine à Julien chez M. Valenod ?

4 Pourquoi M. de Rênal dit-il à Mme de Rênal et à Julien qu'ils le rendent odieux à ses enfants ?

5 Pourquoi l'abbé Chélan demande-t-il expressément à Julien de quitter Verrières ?

6 Quels sont les mots qui indiquent que Julien appréhende d'entrer au séminaire ?

7 Pour quelle raison l'abbé Pirard connaît-il très bien M. de La Mole ?

Production écrite

2 Relis les paragraphes décrivant l'arrivée de Julien au séminaire. Écris la lettre que Julien envoie à son ami Fouqué pour lui communiquer ses impressions. Voici quelques mots qui peuvent t'aider.

immobile, battement de cœur, sinistre, mal éclairée, colère, debout, effrayer, impatience, mal assuré, tomber, trembler, terrible, œil, sentir, cacher, violent, mal de cœur, faible, horreur, sévérité, vérité, austère, obéissance, supérieur, curiosité, fer, noir, solitude, froid, nostalgie, penser, hideux, ambition, mélancolie, intérêt, désirer, chercher, oublier.

Vocabulaire

3 Retrouve dans la grille les mots employés par M. de Rênal et Mme de Rênal lorsqu'ils parlent de Julien.

Valenod • renvoi • sotte • femme • outrager • honneur • voyage
exiger • aller • faire • parler • Julien

V	C	U	R	F	V	S	P	Q	H
A	N	T	P	S	O	T	T	E	O
L	L	O	R	F	Y	S	Y	R	N
E	G	U	I	T	A	Y	A	O	N
N	B	E	X	I	G	E	R	E	E
O	J	U	L	I	E	N	A	P	U
D	E	O	U	T	R	A	G	E	R
Y	A	X	A	F	A	I	R	E	F
P	A	R	L	E	R	F	Q	R	S
I	Z	I	L	M	R	S	P	S	P
V	H	L	E	M	S	R	F	Q	Y
O	M	E	R	E	N	V	O	I	F

Grammaire

4 Transforme les phrases suivantes en remplaçant les mots soulignés par les pronoms personnels correspondants proposés dans l'encadré.

~~eux~~ • la (2) • elle (3) • lui (6) • en • les • y • il

Serait-il possible que ces prêtres si fourbes aient raison ? Ces prêtres qui commettent tant de péchés auraient le privilège de connaître la vraie théorie du péché ?

*Serait-il possible que ces prêtres si fourbes aient raison ? **Eux** qui commettent tant de péchés auraient le privilège de connaître la vraie théorie du péché ?*

a Depuis vingt minutes que M. de Rênal s'était retiré, Julien voyait la femme qu'il aimait, la tête appuyée sur le petit lit de l'enfant, immobile et presque sans connaissance.

....

....

b Si je laisse Mme de Rênal, si je cesse de veiller sur Mme de Rênal, elle avouera tout à son mari.
— Va-t-en, lui dit tout à coup Mme de Rênal en ouvrant les yeux.

....

....

c Mais, si je te quitte, si je cesse de veiller sur toi, de me trouver sans cesse entre toi et ton mari, tu dis tout à ton mari, tu te perds. Tout Verrières, tout Besançon parlera de ce scandale.

....

....

d Ne va pas te fâcher avec M. Valenod, ni lui couper les oreilles, comme tu disais un jour. L'essentiel est que l'on croie que tu vas entrer chez Valenod pour l'éducation des enfants.

....

....

e Il pensa que sa femme irait vivre à Paris avec Julien. Cet homme malheureux s'aperçut que cette idée comblerait de joie ses ennemis de Verrières.

....

....

Production écrite

5 Lis le texte suivant et réponds aux questions.

Julien était sur le point d'arriver à Paris.

Il fut peu sensible au premier aspect de la ville, aperçue dans le lointain. Les châteaux en Espagne sur son sort à venir avaient à lutter avec le souvenir encore présent des vingt-quatre heures qu'il venait de passer à Verrières. Il se jurait de ne jamais abandonner les enfants de son amie, et de tout quitter pour les protéger, si les impertinences des prêtres nous donnent la république et les persécutions contre les nobles.

Que serait-il arrivé la nuit de son arrivée à Verrières, si, au moment où il appuyait son échelle contre la fenêtre de la chambre à coucher de Mme de Rênal, il avait trouvé sa chambre occupée par un étranger, ou par M. de Rênal ?

Mais aussi quelles délices les deux premières heures, quand son amie voulait sincèrement le renvoyer et qu'il plaidait sa cause, assis auprès d'elle dans l'obscurité ?

Une âme comme celle de Julien est suivie par de tels souvenirs durant toute une vie.

Comment peux-tu définir l'état d'âme de Julien lorsqu'il arrive à Paris ?
Il était mélancolique et triste mais aussi méfiant et indifférent face à Paris.

a Quels détails indiquent cet état d'âme ?

....

....

b Comment imagines-tu la première journée de Julien à Paris ?

....

....

c Penses-tu que Julien s'adaptera à son nouveau sort ?

....

....

Chapitre 4

Entrée dans le monde - Mathilde

La malle-poste* arriva à Paris. Pendant le voyage, Julien fut distrait de ses rêveries voluptueuses par une conversation entre deux personnages aux convictions politiques opposées. La voiture s'arrêta.

—Je veux aller à la Malmaison*, dit-il à un cabriolet qui s'approcha.

Très méfiant, il n'était touché que des monuments laissés par Napoléon, son héros. Il se vit dans le centre de l'intrigue et de l'hypocrisie car c'était là que régnaient les protecteurs de l'abbé de Frilair.

Le soir du troisième jour, il se présenta à l'abbé Pirard qui lui expliqua, d'un ton froid, le genre de vie qui l'attendait chez M. de La Mole.

— Si au bout de quelques mois vous n'êtes pas utile, vous retournerez au séminaire, lui dit-il. Vous allez loger chez le marquis, mais n'oubliez pas vos études en théologie. Chaque jour, vous irez dans la bibliothèque du marquis pour écrire ses lettres. Le soir à dix heures vous serez libre. ... M. de La Mole a deux enfants, une fille et un fils de dix-neuf ans, un peu fou. Le marquis espère que vous deviendrez l'ami du comte Norbert, ajouta-t-il.

—J'ai été haï de mon père ; j'ai la chance de retrouver un père en vous, Monsieur.

— C'est bon ! dit l'abbé embarrassé. Il faut dire la providence.

malle-poste voiture à cheval portant le courrier et des passagers

La Malmaison château près de Paris où Napoléon séjourna après la défaite de Waterloo, avant son exil

Le fiacre* arriva à l'HÔTEL DE LA MOLE.

Julien s'arrêta, ébahi, au milieu de la cour.

Ils entrèrent dans une pièce très sombre bien que magnifique ; là, se trouva un petit homme maigre à l'œil vif. C'était le marquis.

L'audience ne dura pas trois minutes.

M. Pirard et Julien remontèrent en fiacre. Ils allèrent chez le tailleur, puis M. Pirard dit à Julien en sortant :

— Je vous rends votre liberté pendant deux jours. Mais, saurez-vous exécuter toutes les choses que cet homme vous indiquera à demi-mots ?

Deux jours plus tard, Julien se trouva seul dans une bibliothèque magnifique. Fort ému, il contemplait les livres, mais pensa au travail. À une heure, le marquis entra regarder les copies et remarqua que Julien écrivait *cela* avec deux *ll*. Découragé, il dit à Julien :

— Vous n'êtes pas sûr de votre orthographe ?

— C'est vrai, dit Julien.

Le marquis pensa que l'avoir là était du temps perdu.

À six heures, il le présenta à la marquise, qui le regarda à peine. Il y avait quelques jeunes hommes et Julien reconnut l'évêque d'Agde ainsi qu'un jeune homme charmant. C'était le comte de La Mole.

On se mit à table. Une jeune personne, très blonde s'assit en face de lui. Elle ne lui plut pas ; mais il pensa qu'il n'avait jamais vu des yeux si beaux. C'était mademoiselle Mathilde, la fille du marquis.

M. de La Mole dit à son fils :

— Norbert, je te demande tes bontés pour M. Julien Sorel, mon nouveau secrétaire.

Tout le monde regarda Julien ; on fut content de son regard.

Le lendemain, Julien écrivait des lettres dans la bibliothèque, quand

fiacre voiture louée trainée par des chevaux

Mlle Mathilde entra par une petite porte. Elle paraissait contrariée de le rencontrer là. Elle volait des livres dans la bibliothèque de son père en cachette*, ce qu'elle ne put faire. Plus tard, le comte Norbert vint y lire un journal et offrit à Julien de monter à cheval.

— Mon Dieu, monter à cheval ! mais cela ne m'est pas arrivé six fois dans ma vie.

— Eh bien, ce sera la septième, dit Norbert.

Au fond, Julien, se rappelant l'entrée du roi à Verrières, croyait monter à cheval mieux que les autres. Mais en revenant, il tomba et se couvrit de boue. Au dîner, le marquis lui demanda des nouvelles de sa promenade.

— M. le comte est plein de bontés pour moi, reprit Julien. Il a daigné me faire donner le cheval le plus doux ; mais il ne pouvait pas m'y attacher ! Ainsi je suis tombé près du pont.

Mlle Mathilde essaya de dissimuler un éclat de rire ; ensuite elle demanda des détails. Julien s'en tira très simplement.

— Ce petit prêtre me plaît, dit le marquis à l'un des convives ; il est simple et raconte son malheur même devant des *dames* !

À la fin du dîner, Mlle Mathilde posait des questions à son frère. Julien, rencontrant ses yeux plusieurs fois, osa alors répondre directement et tous trois finirent par rire comme trois jeunes gens d'un village au fond d'un bois.

Le lendemain, Julien assista à deux cours de théologie, et revient pour écrire des lettres. À quatre heures, il osa paraitre chez le comte Norbert. Celui-ci allait monter à cheval.

— Si votre cheval n'est pas blessé, et s'il est libre, lui dit Julien, je désirerais le monter.

— Ma foi, mon cher Sorel, à vos risques et péril ; il est quatre

en cachette sans qu'on s'en aperçoive

heures, nous n'avons pas de temps à perdre.

Une fois à cheval, Julien demanda :

— Que faut-il faire pour ne pas tomber ?

— Bien des choses, répondit Norbert en riant aux éclats : par exemple, tenir le corps en arrière.

Vingt fois, Norbert vit Julien sur le point de tomber, mais enfin la promenade finit sans accident. En rentrant, le jeune comte dit à sa sœur :

— Je vous présente un hardi casse-cou* !

Malgré tant de bonté, Julien se sentit bientôt parfaitement isolé au milieu de cette famille car tous les usages lui semblaient singuliers.

L'abbé Pirard était parti pour sa cure.

Julien observait ce qui se passait dans le salon de Mme de La Mole et ce ne fut que plus tard qu'il en pénétra les secrets car on n'y abordait la politique dirigeante que dans les instants de détresse. Au milieu de la magnificence et de l'ennui, Julien ne s'intéressait à rien qu'à M. de La Mole.

Un matin, M. Pirard travaillait avec Julien dans la bibliothèque du marquis à l'éternel procès de Frilair :

— Monsieur, dîner tous les jours avec Mme la marquise, est-ce un de mes devoirs, ou est-ce une bonté que l'on a pour moi ?

— C'est un honneur insigne* ! reprit l'abbé, scandalisé.

— C'est pour moi, Monsieur, la partie la plus pénible de mon emploi. Je vois bâiller quelquefois jusqu'à Mlle de La Mole. J'ai peur de m'endormir.

Un bruit léger leur fit tourner la tête. Julien vit Mlle de La Mole qui écoutait. Il rougit. Elle était venue chercher un livre et avait tout entendu. Elle prit alors un peu de considération pour Julien.

casse-cou personne qui prend des risques

insigne remarquable

À dîner, Julien n'osait pas regarder Mlle de La Mole, mais elle lui parla. Cruelle pour les ennuyeux, elle était le centre d'un petit groupe qui se formait presque tous les soirs et était en hostilité continue avec les gens qui arrivaient.

Après plusieurs mois d'épreuve, M. de La Mole fit savoir à Julien qu'il l'avait chargé de suivre l'administration de ses terres en Bretagne et en Normandie. Julien y faisait de fréquents voyages car il était chargé de la correspondance relative au fameux procès avec l'abbé de Frilair. M. Pirard l'avait instruit et le marquis lui avait donné un cheval.

L'abbé Pirard l'avait mené dans plusieurs sociétés de jansénistes, Julien fut étonné et admira ces hommes pieux et sévères qui ne songent pas au budget. Il connut un froid* avec le comte Norbert car celui-ci avait trouvé qu'il répondait trop vivement aux plaisanteries de ses amis. Mme de La Mole aussi se moquait de ses multiples gaucheries.

Il se sentait isolé si bien qu'à part l'épisode où Julien se trouva mêlé à une affaire de duel, dès qu'il cessait de travailler, solitaire, il s'ennuyait mortellement. Pourtant il était précieux au marquis qui le trouvait efficace dans les affaires.

Le marquis, qui prenait de l'affection pour Julien, le poussa à aller à l'Opéra afin qu'il perde ses façons de province.

Un jour, il dit à Julien avec beaucoup de politesse :

— Permettez, mon cher Sorel, que je vous fasse cadeau d'un habit bleu ; quand vous le porterez, vous serez à mes yeux le fils de mon ami le vieux duc de Chaulnes.

Julien ne comprenait pas trop de quoi il s'agissait. Se moquerait-il de lui ? Le soir même il mit cet habit et le marquis le traita comme

un froid un désaccord

un égal. À partir de ce moment-là, ce fut l'époque d'une franchise parfaite dans les relations entre le maître et son protégé.

Un matin, le marquis dit à Julien :

— Allez passer deux mois à Londres. Les courriers vous porteront mes lettres, vous ferez les réponses.

À Londres, il se lia avec de jeunes seigneurs russes, et entre autres avec le prince Karasoff qui lui dit :

— Vous n'avez pas connu votre siècle : *faites toujours le contraire de ce qu'on attend de vous*.

À son retour, le marquis lui demanda :

— Quelle idée amusante m'apportez-vous d'Angleterre ?

— Primo, l'Anglais le plus sage est fou une heure par jour.

— À mon tour, dit le marquis. Je parie, Monsieur l'homme profond, que vous n'avez pas deviné ce que vous êtes allé faire en Angleterre… Vous êtes allé chercher la croix que voilà.

Cette croix mit à l'aise l'orgueil de Julien. Mais elle lui valut une visite singulière : celle de M. le baron de Valenod qui lui apprit que M. de Rênal était devenu jacobin*.

Au printemps suivant, Julien revenant de la terre de Villequiers, sur les bords de la Seine, trouva Mme de La Mole et sa fille qui arrivèrent d'Hyères.

Mathilde pensait à la vie tout à fait triste qu'elle allait reprendre à Paris ; et, à Hyères, elle voulait être à Paris. « J'ai dix-neuf ans ! », pensa-t-elle, « et c'est l'âge du bonheur !… » disent tous les gens bêtes. Ses yeux si beaux s'arrêtèrent alors sur Julien. « Lui, il ne ressemble pas aux autres », se dit-elle.

— Monsieur Sorel, venez-vous ce soir danser chez M. de Retz ?

— Mademoiselle, je n'ai pas eu l'honneur d'être présenté à M. le duc.

jacobin sous la Révolution, membre du club des Jacobins, révolutionnaire

— Il a chargé mon frère de vous amener chez lui.

Julien ne répondait pas.

— Venez avec mon frère, ajouta-t-elle, d'un ton fort sec.

Julien salua avec respect.

« Que cette grande fille me déplaît ! », pensa-t-il en regardant marcher Mlle de La Mole. « Sa robe lui tombe des épaules ; elle est encore plus pâle qu'avant son voyage. Quels cheveux sans couleur ! On dirait que le jour passe à travers ! »

Mlle de La Mole venait d'appeler son frère, au moment où il quittait le salon. Celui-ci s'approcha de Julien :

— Mon cher Sorel, lui dit-il, où voulez-vous que je vous prenne à minuit pour le bal de M. de Retz ?

— Je sais bien à qui je dois tant de bontés, répond Julien en saluant jusqu'à terre.

Le soir, en arrivant au bal, Julien, séduit par la magnificence, entra dans le premier salon où l'on dansait. On se pressait à la porte du second, il lui fut impossible d'avancer.

— Mlle de La Mole a l'air d'être maîtresse du plaisir que lui fait son triomphe, dont elle s'aperçoit fort bien ! dit un jeune homme.

Julien faisait de vains efforts pour apercevoir cette femme séduisante. Enfin, la porte fut dégagée, il put entrer.

« Puisqu'elle passe pour si remarquable aux yeux de tous, il vaut la peine que je l'étudie », pensa-t-il. « Je comprendrai quelle est la perfection pour ces gens-là. »

Comme il la cherchait des yeux, Mathilde le regarda.

— Vous, Monsieur, qui avez été ici tout l'hiver, lui dit-elle, n'est-il pas vrai que cette fête est la plus belle de la saison ?

Les jeunes gens se retournèrent pour voir quel était l'homme

heureux dont on voulait une réponse. Celle-ci ne fut pas encourageante.

— Je ne saurais être un bon juge, Mademoiselle ; je passe ma vie à écrire.

À ce moment-là, le marquis de Croisenois s'avançait avec empressement vers Mlle de La Mole. « Voilà celui qui prétend m'épouser », pensa Mathilde ; « il est doux, poli ; il a des manières parfaites. Sans l'ennui qu'ils donnent, ces messieurs seraient fort aimables. »

Elle suivait machinalement de l'œil Julien, qui s'était éloigné d'un air respectueux, mais fier et mécontent. Elle aperçut dans un coin, loin de la foule en mouvement, le comte Altamira, condamné à mort dans son pays à cause de ses idées libérales.

« Je ne vois que la condamnation à mort qui distingue un homme », pensa Mathilde : « c'est la seule chose qui ne s'achète pas. » Elle se remit à danser pour ne plus penser.

Peu après, elle cherchait Julien des yeux, lorsqu'elle l'aperçut dans un autre salon. « Il cause avec le comte Altamira, mon condamné à mort ! » se dit Mathilde. Elle s'approcha, mais Julien ne fit pas attention à elle. Le comte Altamira disait, en parlant de politique et de l'esprit de parti* :

— Il n'y a plus de passions véritable au XIXème siècle ; c'est pour cela que l'on s'ennuie tant en France.

Le lendemain, Julien était dans la bibliothèque, absorbé par ses pensées de la veille, lorsque Mlle de La Mole entra. En la voyant, son regard s'éteignit. Elle lui demandait un livre que Julien lui donna machinalement.

Mais depuis cette soirée, ses conversations avec cette jeune fille

l'esprit de parti disposition morale de qui est tellement attaché à son parti qu'il en est aveugle ou même injuste

devinrent plus intéressantes. Il oubliait son triste rôle de plébéien révolté. Il la trouvait savante et même raisonnable. Dans le jardin, elle était bien différente qu'au salon.

— À quoi pensez-vous, Monsieur ? lui demanda Mathilde.

Julien était las de se mépriser. Par orgueil, il dit franchement sa pensée. Il rougit beaucoup en parlant de sa pauvreté. Il chercha à bien dire qu'il ne demandait rien. Jamais il n'avait semblé aussi beau à Mathilde.

Quelques semaines plus tard, Julien se promenait dans le jardin ; son visage n'avait plus la dureté qu'imprimait le sentiment de son infériorité. Il venait de reconduire au salon Mlle de La Mole qui prétendait s'être fait mal au pied.

« Elle s'est appuyée sur mon bras d'une façon bien singulière ! » pensa Julien. « Serait-ce que je lui plais ? Elle m'écoute d'un air si doux, même quand je lui avoue toutes les souffrances de mon orgueil ! » Il se disait pourtant chaque fois qu'ils se voyaient : « Serons-nous aujourd'hui amis ou ennemis ? »

« Il serait plaisant qu'elle m'aime ! Qu'elle m'aime ou non », continuait Julien, « j'ai pour confidente intime une fille d'esprit, qui fait trembler toute la maison. En fait, plus je me montre froid avec elle, plus elle me recherche. Les femmes de Paris savent-elles feindre à ce point ? Elle est jolie ! Je l'aurai, je m'en irai ensuite ! »

Cette idée devint l'unique affaire* de Julien. Il ne pouvait plus penser à autre chose.

Si Julien avait examiné ce qui se passait dans le salon, il aurait compris en quoi consistait son empire* sur tout ce qui l'entourait.

Mathilde s'ennuyait souvent. Elle recevait de nombreuses lettres des jeunes gens très polis qui lui faisaient la cour. Elle s'en

affaire intérêt de quelqu'un

empire influence

amusait, mais c'était toujours la passion la plus mélancolique.

« Lequel d'entre eux fait quelque chose d'extraordinaire ? », se disait-elle. « Ils cherchent à obtenir ma main, la belle affaire ? Je suis riche et mon père avancera son gendre. Ah ! puisse-t-il en trouver un qui soit un peu amusant ! »

Telles étaient ses pensées, quand elle commença à trouver du plaisir à se promener avec Julien. Elle fut étonnée de son orgueil ; elle admira l'adresse de ce petit bourgeois.

Une idée l'illumina tout à coup : « J'ai le bonheur d'aimer », se dit-elle avec une joie incroyable. « J'aime, c'est clair ! Il y a déjà de la grandeur et de l'audace à oser aimer un homme placé si loin de moi par sa positon sociale. »

« Mon petit Julien agit seul. Il méprise les autres, c'est pour cela que je ne le méprise pas. S'il était noble, mon amour ne serait qu'une sottise ; il ne serait pas une grande passion. »

Mlle de La Mole était si préoccupée de ces beaux raisonnements, que le lendemain elle vantait Julien au marquis de Croisenois et à son frère. Mais ces messieurs reprochaient à Julien l'air *prêtre* : humble et hypocrite. En fait, ils redoutaient* son mérite.

« Ce n'est qu'à moi qu'il adresse la parole », se disait Mathilde. « Avec moi, il discute des heures entières ; mon père le respecte. Julien est assez sincère avec moi. »

À partir du moment qu'elle eut décidé qu'elle aimait Julien, elle ne s'ennuya plus.

Mais jamais Julien ne lui parlait d'amour, aussi vivait-elle de grands moments d'incertitude pendant lesquels Julien remarquait que Mathilde le regardait d'une façon singulière.

ils redoutaient ils craignaient

« Mais, même quand ses beaux yeux bleus fixés sur moi sont ouverts avec le plus d'abandon », se disait-il, « j'y lis toujours un fond d'examen, de sang-froid et de méchanceté. »

Vocabulaire et grammaire

1 Dans chaque phrase, remplace les parties soulignées par les solutions de l'encadré ayant le même sens.

trouvait qu'il savait y faire • il n'était pas comme les autres • il ~~y avait~~ • faire tout ce que • qui ne pensent pas au revenu • qu'il n'avait pas trop besoin de son aide • invita Julien à • se croyait un très bon cavalier • bientôt seul • ce qui était le plus difficile • il vit surgir Mathilde d'une

Là, se trouva un petit homme maigre à l'œil vif. C'était le marquis.
Là, il y avait un petit homme maigre à l'œil vif.
C'étai le marquis.

a Saurez-vous exécuter toutes les choses que cet homme vous indiquera à demi-mots ? lui dit M. Pirard.

....

....

b Vu ses fautes d'orthographe, le marquis pensa que l'avoir là était du temps perdu.

....

....

c Julien écrivait des lettres dans la bibliothèque, quand Mathilde entra par une petite porte.

....

....

d Le comte Norbert offrit à Julien de monter à cheval.

....

....

e Julien croyait monter à cheval mieux que les autres.

....

....

f Malgré tant de bonté, Julien se sentit bientôt parfaitement isolé au milieu de cette famille.

....

....

g La partie la plus pénible de son emploi, c'était de toujours dîner avec Mme de La Mole.

....

....

h En compagnie de l'abbé Pirard, Julien admira les jansénistes qui ne songent pas au budget.

....

....

i Il était précieux au marquis qui le trouvait efficace dans les affaires.

....

....

j « Lui, il ne ressemblait pas aux autres », se dit Mathilde.

....

....

2 **Maintenant, en utilisant les expressions de l'encadré, relie entre elles les phrases qui résultent de l'exercice 1.**

quelques jours plus tard • ~~mais~~ • si bien que • toutefois après avoir • ainsi • au fond • pourtant • mais • puis

Là, il y avait un petit homme maigre à l'œil vif. C'était le marquis. ...*Mais*........ saurez-vous faire tout ce que cet homme vous indiquera à demi-mots ? lui dit M. Pirard.

....

....

....

....

....

....

....

....

....

....

....

....

....

Compréhension écrite

3 Vrai (V) ou faux (F) ? Corrige les énoncés faux.

		V	F
	M. Pirard dit à Julien qu'il doit commencer à travailler chez M. de La Mole immédiatement.	☐	☑
	M. Pirard dit à Julien qu'il a une liberté de deux jours.		
a	Julien admet qu'il fait des fautes d'orthographe quand M. de La Mole le lui fait remarquer.	☐	☐
b	Julien est plein d'admiration pour Mathilde dès qu'il la voit.	☐	☐
c	À la fin du dîner, Mathilde et son frère sont mécontents que Julien participe à leur conversation.	☐	☐
d	Julien rougit lorsqu'il voit Mathilde dans la bibliothèque parce qu'il a avoué ne pas aimer toujours dîner en la compagnie des de La Mole.	☐	☐
e	M. de La Mole n'a pas entièrement confiance en Julien et n'ose pas lui donner de responsabilités.	☐	☐
f	Julien apprécie l'aspect de Mathilde au bal chez M. de Retz.	☐	☐

g Julien décide de chercher à mieux connaître Mathilde parce que tous l'admirent. ☐ ☐

....

....

h Julien ne souffre jamais de ses humbles origines lorsqu'il est chez M. de La Mole. ☐ ☐

....

....

i Mathilde admire Julien parce qu'il a ses propres idées, et parce qu'il agit seul. ☐ ☐

....

....

j Mathilde est certaine de l'amour de Julien pour elle car il le lui prouve à tout moment. ☐ ☐

....

....

ACTIVITÉ DE PRÉ-LECTURE

Production écrite

4 Imagine un dialogue entre Julien et Mathilde au cours duquel :

- Julien parle à Mathilde de ses humbles origines et lui dit pourquoi il l'admire ;

- Mathilde explique à Julien combien les soirées dans le salon l'ennuient et pourquoi elle aime être en sa compagnie, sans toutefois lui dévoiler son amour.

Voici quelques mots qui peuvent t'aider.

mépris • amour • haine • envie • incompréhension • lecture
travail • travailler • province • simplicité • souffrir • solitude
frères • père • scierie • sensation • agréable • affreux
douloureux • intime • beauté originale • ambition • admiration
éprouver • tendresse • hypocrisie • dureté • manifestation
manière • liberté • battre

Chapitre 5

Orgueil

3 Le lendemain, Julien surprit encore Norbert et sa sœur qui parlaient de lui. À son arrivée, un silence de mort s'établit, comme la veille. Se moquaient-ils de lui ? Il soupçonnait que Mlle de La Mole veuille le donner en spectacle à son prétendu. Cette idée tua l'amour naissant, il eut alors une expression sombre et froide.

Piqué par cette bizarrerie soudaine, le cœur de cette jeune fille naturellement froid et ennuyé devint très passionné. Mais Mathilde était très orgueilleuse, elle fut donc très triste. Mais Julien pensa toutefois qu'il valait mieux partir.

Son voyage était un secret, mais Mathilde savait mieux que lui qu'il allait quitter Paris le lendemain, et pour longtemps. Prétextant* un mal de tête, elle se promena beaucoup dans le jardin et forçat Norbert, le marquis de Croisenois et quelques autres jeunes gens à partir. Elle regardait Julien d'une façon étrange, fort troublée.

Ils étaient restés seuls ; la conversation languissait. « Non ! Julien ne sent rien pour moi », se disait Mathilde vraiment malheureuse.

Comme il prenait congé* d'elle, elle lui serra le bras avec force :

— Vous recevrez ce soir une lettre de moi, lui dit-elle d'une voix altérée. Mon père, continua-t-elle, a une juste estime pour les services que vous lui rendez. *Il faut* ne pas partir demain ; trouvez un prétexte. Et elle s'éloigna.

prétextant cachant le véritable motif qu'une action

prendre congé faire les adieux qu'exgige la politesse

Une heure après, Julien reçut une déclaration d'amour.

« Enfin moi, pauvre paysan », s'écria-t-il, « j'ai donc une déclaration d'amour d'une grande dame ! J'ai su garder ma dignité, je n'ai point dit que j'aimais. Je l'emporte sur* le marquis de Croisenois. »

Plus tard, il alla chez le marquis de La Mole et lui prouva facilement qu'il fallait différer son départ.

Il pensa à envoyer la lettre fatale en dépôt dans un paquet bien fermé à M. l'abbé Pirard, honnête homme janséniste. « Oui, mais il ouvre les lettres… » C'est à Fouqué qu'il l'envoya en la cachant dans une énorme bible.

Mathilde avait dû combattre pour écrire. C'était la première fois que cette femme, haute et froide, était passionnée. Mais si ce sentiment dominait l'orgueil, il était encore fidèle aux habitudes de l'orgueil. Julien était-il mécontent d'elle ? Quelques mois auparavant, Mathilde désespérait de rencontrer un être un peu différent du commun. Maintenant, elle écrivait *la première !* Elle allait faire de Julien son amant, son maître ! « Et s'il peut tout sur moi ? Je me dirai comme Médée : *Au milieu de tant de périls, il me reste* MOI. »

Mais Julien l'aimait-elle ? L'orgueil qu'on lui avait inspiré dès la naissance se battait contre la vertu. Ainsi, le départ de Julien vint tout précipiter.

Le soir, Julien fit descendre une malle chez le portier en faisant en sorte que Mathilde le croie parti. Il s'endormit fort gai sur cette plaisanterie. Mathilde ne ferma pas l'œil.

Le lendemain matin, à peine Julien était-il dans la bibliothèque, que Mlle de La Mole parut. Il pensait devoir lui parler, mais elle partit vite. À neuf heures du soir, elle parut sur le seuil de la bibliothèque, lui jeta une lettre et s'enfuit.

emporter sur avoir la supériorité sur

« Ceci va être le roman par lettres », se dit-il et il écrivit la réponse lui annonçant son départ précipité pour le lendemain matin.

À cinq heures, Julien reçut une troisième lettre dans laquelle Mlle de La Mole lui disait de prendre une échelle, de la placer contre sa fenêtre et de monter chez elle une heure après minuit. « Il fait clair de lune, n'importe. »

Julien se demanda pourquoi Mathilde lui demandait de commettre une imprudence abominable* alors qu'ils pouvaient se parler tranquillement dans la bibliothèque.

Julien monta chez lui et fit sa malle, décidé à partir. Et si Mathilde était de bonne foi ? Alors il jouerait le rôle d'un lâche parfait.

« Quoi ! J'aurais été en rivalité avec un homme portant un des plus beaux noms de France, et je me serais moi-même déclaré son inférieur ! », s'écria Julien en se levant… « Si ce n'est pas une trahison, quelle folie elle fait pour moi ! »

Il avait encore bien des heures à attendre ; Julien écrivit à Fouqué de n'ouvrir la lettre incluse qu'en cas d'accident, et que s'il entendait dire que quelque chose d'étrange lui était arrivé, d'en effacer les noms propre, et d'en envoyer des copies à des journaux.

Il avait réellement peur lorsqu'il entra dans la salle à manger. Mlle de La Mole était pâle. Il en devint presque amoureux. Après le dîner, elle ne parut pas dans le jardin. Lui parler aurait délivré* le cœur de Julien d'un grand poids. Il alla reconnaître la situation et le poids de l'échelle.

« C'est un instrument », se dit-il en riant, « dont il est dans mon destin de me servir ! »

Lorsque onze heures sonnèrent, Julien alla observer à pas de loup ce qui se passait dans toute la maison.

abominable qui inspire l'horreur

délivré libéré

Le temps était d'une sérénité désespérante*. Vers onze heures, la lune se leva ; à minuit et demi, elle éclairait en plein la façade donnant sur le jardin.

« Elle est folle », se disait Julien ; comme une heure sonna, il y avait encore de la lumière aux fenêtres du comte Norbert. De sa vie Julien n'avait eu autant de peur, il ne voyait que les dangers de l'entreprise, et n'avait aucun enthousiasme.

Il alla prendre l'échelle, et à une heure cinq minutes la posa contre la fenêtre de Mathilde. Comme il approchait de la fenêtre, elle s'ouvrit sans bruit :

— Vous voilà, Monsieur, lui dit Mathilde avec beaucoup d'émotion.

Julien était fort embarrassé, il ne savait comment se conduire, il n'avait pas d'amour du tout. Il pensa qu'il fallait oser, il essaya d'embrasser Mathilde.

— Fi donc ! lui dit-elle en le repoussant.

Fort content d'être réconduit, il se hâta de donner un coup d'œil autour de lui. « Il peut fort bien y avoir là des hommes cachés sans que je les voie », pensa-t-il.

Il fallut retirer l'échelle, ce dont il s'acquitta*. Il s'en irait par la porte.

Dès qu'il eut fini, Mathilde lui serra le bras. Il crut être saisi par un ennemi, et se retira vivement en tirant le poignard.

Quelques inquiétudes passées, l'embarras recommença chez eux deux. Mathilde était tombée dans toutes les angoisses de la timidité.

Mathilde se mit à le tutoyer, alors ses soupçons s'évanouirent. Il osa serrer dans ses bras cette fille si belle. Il ne fut repoussé qu'à demi. Mais ce tutoiement sans le ton de la tendresse ne lui faisait aucun plaisir. Ce n'est pas cette volupté de l'âme qu'il avait trouvée

désespérante qui cause un vif chagrin

ce dont il s'acquittait ce qu'elle exécutait

auprès de Mme de Rênal. Quelle différence ! Son bonheur n'était que celui de l'ambition. De son côté, Mathilde eut l'impression que Julien se considérait son maître, elle se trouva donc dans un état affreux. Pourtant elle avait décidé que, s'il osait venir chez elle avec le secours de l'échelle, elle serait toute à lui. Mais jusque-là, ce rendez-vous était glacé. Après de longues incertitudes, Mathilde finit par être pour lui une maîtresse aimable.

Mathilde, dans toute sa conduite avec Julien, avait accompli un devoir. Elle n'a trouvé, dans tous les événements de cette nuit, que le malheur et la honte, et non pas la félicité dont parlent les romans. « N'aurais-je pas d'amour pour lui ? », se dit-elle.

Elle ne parut pas au dîner, le soir elle ne regarda pas Julien qui étudiait l'expression de ses traits. Il ne put se dissimuler qu'elle avait l'air sec et méchant. Et ainsi pendant quelques jours. Elle ne craignait plus l'ennui et Julien avait perdu son plus grand avantage. Ils étaient animés l'un contre l'autre des sentiments de la haine la plus vive.

— J'ai horreur de m'être livrée au premier venu, dit Mathilde en pleurant de rage.

— *Au premier venu !* s'écria Julien, et il s'élança sur une vieille épée et eut le geste de tuer Mathilde. Sa douleur avait été centuplée par les larmes de honte de Mathilde. Il aurait été le plus heureux des hommes de pouvoir la tuer. Au moment où il venait de tirer l'épée de son fourreau, Mathilde, heureuse d'une sensation si nouvelle, s'avança fièrement vers lui ; ses larmes s'étaient taries*.

« Je tuerais la fille du marquis de La Mole ! » se dit Julien avec horreur, pendant que Mathilde se disait qu'elle avait donc été sur le point d'être tuée par son amant. Étonnée, sa haine pour Julien s'évanouit, mais par peur de tomber dans quelque faiblesse pour lui, elle s'enfuit.

s'étaient taries avaient cessé de couler

Julien demanda au marquis de partir pour le Languedoc, qui le lui refusa car il pouvait avoir besoin de lui d'un moment à l'autre.

Mlle de La Mole ne songeait qu'au bonheur d'avoir été sur le point d'être tuée. Il l'avait donc aimée pendant un instant. « Il est digne d'être mon maître », se disait-elle. De son côté, Julien était en proie au plus violent désespoir.

Après dîner, Mlle de La Mole parla à Julien et l'entraîna dans le jardin ; il obéit. Elle se mit à parler avec confidence intime de l'état de son cœur et à torturer Julien en lui parlant des moments d'enthousiasme qu'elle éprouvait pour ses prétendants. Ce furent des moments cruels pour Julien, fort jaloux, mais en même temps, sa passion était si forte que Mathilde lui semblait adorable. Il était sur le point de tomber à ses pieds, anéanti d'amour, et en criant : Pitié !

Cette intimité cruelle dura huit grands jours. Julien ne fut pas assez adroit pour dire à Mathilde : « Convenez que quoique je ne vaille pas tous ces messieurs, c'est pourtant moi que vous aimez… »

— Et vous ne m'aimez plus, moi qui vous adore ! lui dit un jour Julien éperdu d'amour et de malheur. Cette sottise était à peu près la plus grande qu'il puisse commettre.

Ces mots détruisirent en un clin d'œil tout le plaisir que Mlle de La Mole trouvait à lui parler de l'état de son cœur. Et sûre d'être aimée, elle le méprisa parfaitement.

Julien n'avait compris que le mépris. Il ne parut devant elle que le plus rarement possible, mais sa peine augmenta tant qu'il en devint incapable d'écrire les lettres du marquis de La Mole, et lui parla de maladie. Le marquis lui proposa alors de faire un voyage. Mathilde comprit qu'il pouvait être long.

Ses pensées la menèrent à croire que, compagne d'un homme tel que Julien, elle exciterait continuellement l'attention. Elle prit conscience alors qu'elle traitait un peu Julien en être inférieur, dont on se fait aimer quand on veut.

Mais bien vite elle regretta les discussions qu'elle avait eues et elle admettait être parvenue à détruire chez Julien la plus petite idée qu'il a des droits. L'air de malheur et de passion profonde avec lequel il lui a dit ce mot d'amour le prouvait. « Je me suis fâchée de ces mots... Ne suis-je pas une femme ? Julien m'aimait encore après que je lui aie parlé des velléités* d'amour que l'ennui de la vie que je mène m'avait inspirées pour ces jeunes gens de la société ; il en est si jaloux. S'il savait combien auprès de lui ils me semblent petits et tous copies les uns des autres. »

La marquise la fit appeler pour aller à l'Opéra italien. Mathilde voulait appeler Julien, mais ne le trouva pas.

Pendant tout le premier acte, Mathilde rêva à l'homme qu'elle aimait avec passion, mais au second acte une maxime chantée pénétra son cœur : « Il faut me punir de l'excès d'adoration que je sens pour lui, je l'aime trop ! »

Le lendemain, son grand but fut de déplaire à Julien. Et Julien était trop malheureux pour comprendre une manœuvre de passion aussi compliquée.

Il vit Mathilde se promener longtemps au jardin ; quand elle l'eut quitté, il y descendit : il s'approcha d'un rosier où elle avait pris une fleur. Elle l'avait aimé, lui, mais elle avait connu son peu de mérite, pensait-il. Plusieurs fois l'idée du suicide s'offrit à lui. Mais une heure sonna. En un instant, il courut à l'échelle et monta. Le voyant arriver, Mathilde se précipita dans ses bras.

— Punis-moi de mon orgueil atroce, lui disait-elle. Il faut que je te demande pardon à genoux d'avoir voulu me révolter.

Elle s'arracha de ses bras, et Julien eut toutes les peines du monde

velléités intentions que ne suit aucune action

à l'empêcher de se couper tout un côté de ses cheveux.

— Je veux me rappeler, lui dit-elle, que je suis ta servante. Ils se quittèrent à l'aube.

Le lendemain, Mathilde parut dans la salle à manger, et Julien aperçut l'étendue du sacrifice qu'elle avait fait pour lui en coupant ses cheveux. On aurait dit qu'elle désirait que tout le monde sache sa folle passion. La journée passa comme un éclair. Julien était au comble du bonheur. Mais Mathilde ne fut pas un instant seule ce jour-là.

Dès sept heures du matin, le surlendemain, Julien était dans la bibliothèque et espérait que Mlle de La Mole daignerait y paraître ; il lui avait écrit une lettre infinie.

Il ne la vit qu'au déjeuner. Bien coiffée, elle regarda une ou deux fois Julien, il n'était plus question de l'appeler *mon maître*.

L'étonnement de Julien l'empêchait de respirer. Mathilde se reprochait presque tout ce qu'elle avait fait pour lui. Dès qu'il le put, Julien sella son cheval et partit au galop.

Lorsqu'on sonna le dîner, Julien trouva Mathilde très séduisante, entourée de ses anciens admirateurs. Elle ne parut pas dans le jardin, mais resta près de Mme de La Mole comme en hiver. Mathilde trouvait le jardin très ennuyeux, trop lié au souvenir de Julien.

Notre héros eut la gaucherie de s'approcher du cercle des amis de Mathilde, mais personne ne lui adressa la parole. « C'est une disgrâce de Cour », pensa-t-il. Il voulut étudier les gens qui prétendaient l'accabler de leur dédain.

Il s'en tint la journée suivante à tuer de fatigue, lui et son cheval. Une fois rentré, il ne put trouver de repos. Il lui semblait que le seul soulagement à sa douleur serait de parler à Mathilde.

Un matin à sept heures, il la vit entrer dans la bibliothèque.

— Je sais, Monsieur, que vous désirez me parler.

— Grand Dieu ! Qui vous l'a dit ?

— Je le sais, que vous importe ? Rien ne m'empêchera d'être sincère. Je ne vous aime plus, Monsieur, mon imagination folle m'a trompée…

À ce coup terrible, éperdu d'amour et de malheur, Julien essaya de se justifier. Il lui semblait que, tant qu'il parlait, tout n'était pas fini. Mathilde n'écoutait pas. Elle était anéantie par l'affreuse idée d'avoir donné des droits sur elle à un petit abbé, fils d'un paysan. Elle méprisait Julien.

Et pour la première fois de sa vie, Julien se trouvait soumis à un esprit supérieur animé contre lui de la haine la plus violente, pendant que Mathilde jouissait de l'orgueil d'avoir pu rompre à tout jamais* !

Le lendemain, Julien fut gauche et timide devant elle et, après le déjeuner, il fit tomber un vieux vase de porcelaine bleu, fort laid. Mme de La Mole se leva en jetant un cri de détresse. C'était un vase du Japon. Mathilde était ravie de le voir brisé, il était si horriblement laid !

— Ce vase, lui dit-il, est à jamais détruit, ainsi en est-il d'un sentiment qui fut autrefois le maître de mon cœur.

Et il sortit, mais cet amour, loin de s'éteindre comme il l'espérait, fit des progrès rapides. « Elle est folle », se disait-il, « en est-elle moins adorable ? »

Vingt-quatre heures après la rupture du vase, Julien était décidément l'un des hommes les plus malheureux.

à tout jamais pour toujours

DELF – Compréhension et production écrite

1 Réponds aux questions.

Pourquoi Mathilde ose-t-elle des assurances d'amitié ?
Parce que Julien, qui soupçonne qu'elle veuille le donner en spectacle à son prétendu, devient sombre et ironique.

1 Pourquoi Julien pense-t-il qu'il vaut mieux partir ?

....

....

2 Pourquoi Mathilde regarde-t-elle Julien d'une façon étrange quand elle se promène dans le jardin ?

....

....

3 Qu'est-ce qui fait que Julien l'emporte sur le marquis de Croisenois ?

....

....

4 Pourquoi Julien parle-t-il de roman par lettres ?

....

....

5 Pourquoi Julien dit-il qu'il est destiné à se servir des échelles ?

....

....

6 Quand Julien est dans la chambre de Mathilde, à quel moment ses soupçons s'évanouirent ?

....

....

7 Pourquoi Mathilde éprouve-t-elle du bonheur à l'idée d'avoir été sur le point d'être tuée ?

....

....

8 Quels mots de Julien détruisent tout le plaisir que Mathilde trouve à lui parler ?

....

....

9 Pour quelle raison Mathilde demande-t-elle pardon à Julien d'avoir voulu se révolter ?

....

....

Grammaire

2 Conjugue les verbes entre parenthèses à l'imparfait de l'indicatif.

Ceci (0) ...*devenait*... (*devenir*) sérieux, pensa Julien... et un peu trop clair, ajouta-t-il après avoir pensé. « Quoi ! cette belle demoiselle pouvait me parler dans la bibliothèque avec une liberté qui, grâce à Dieu, (1) .... (*être*) entière ; le marquis, dans la peur qu'il (2) .... (*avoir*) que je ne lui montre des comptes, n'y (3) .... (*venir*) jamais. Quoi ! M. de La Mole et le comte Norbert, les seules personnes qui (4) .... (*entrer*) ici, (5) .... (*être*) absents presque toute la journée ; on (6) .... (*pouvoir*) facilement observer le moment de leur entrée à l'hôtel, et la sublime Mathilde, pour la main de laquelle un prince souverain n'aurait pas été trop noble, (7) .... (*vouloir*) que je commette une imprudence abominable.

C'(8) .... (*être*) clair, on (9) .... (*vouloir*) me perdre ou se moquer de moi, tout au moins. D'abord, on avait voulu me perdre avec mes lettres ; elles se (10) .... (*trouver*) prudentes ; eh bien ! il leur (11) .... (*falloir*) une action plus claire que le jour. Ces jolis petits messieurs me (12) .... (*croire*) trop bête. Diable ! par le plus beau clair de lune du monde monter ainsi par une échelle à un premier étage de vingt-cinq pieds d'élévation ! on aurait eu le temps de me voir. J'aurais été beau sur mon échelle ! » Julien était monté chez lui et s'était mis à faire sa malle en sifflant. Il avait été résolu à partir et à ne pas même répondre.

Mais cette sage résolution ne lui avait pas donné la paix du cœur. « Si par hasard », se disait-il, « Mathilde avait été de bonne foi ! Alors, moi je (13) ....(*jouer*), à ses yeux, le rôle d'un lâche parfait. Je (14) .... (*ne point avoir*) de naissance, moi, il me (15) .... (*falloir*) de grandes qualités, argent comptant, sans suppositions complaisantes. »

Vocabulaire

3 Complète la grille des mots croisés en associant chacun des mots qui suivent à sa définition.

hypocrisie • femme • discussion • échelle • faiblesse • remords séduire • rêve • nuit • lune • étreinte • orgueil • ironie • réussite comte • bonheur • savoir • amour

HORIZONTALEMENT :

1 Affectation de sentiments ou d'opinions que l'on n'a pas.
3 Être humain adulte de sexe féminin.
6 Sentiment d'affection et d'attirance sentimentale et sexuelle entre deux personnes.
9 Débats contradictoires.
12 Opinion trop avantageuse de soi-même.
13 Appareil avec des traverses permettant de monter et de descendre.
15 Images résultant de l'activité psychique pendant le sommeil.
16 Succès.
17 Moquerie qui consiste à dire le contraire de ce que l'on veut dire.

VERTICALEMENT :

2 Malaise moral dû à la mauvaise conscience.
4 Manque de force.
5 Plaire et obtenir des faveurs.
7 Satellite de la terre.
8 État de félicité.
10 Personne dotée d'un titre de noblesse entre marquis et vicomte.
11 Connaître.
14 Action d'étreindre.
18 Temps pendant lequel le soleil est au-dessous de l'horizon.

Production orale

4 Réponds librement aux questions suivantes.

a Penses-tu qu'il soit plus facile d'échanger des idées par lettres que de vive voix ?

b Crois-tu que Mathilde se comporte correctement envers Julien ?

ACTIVITÉ DE PRÉ-LECTURE

Ton pronostic

5 Tu écris un mail pour expliquer à un/une ami/e pourquoi, à ton avis, Julien est si malheureux. Aide-toi des mots de la grille de l'exercice 3.

Salut,
Je crois que...

Chapitre 6

La note secrète - Stratégie Korasoff

Le marquis fit appeler Julien.

— Parlons un peu de votre mémoire, dit-il à Julien, on dit qu'elle est prodigieuse ! Pourriez-vous apprendre par cœur quatre pages et aller les réciter à Londres ? Mais sans changer un mot !...

Le marquis avait un air très sérieux jamais vu, pas même lors du procès Frilair.

— J'ai répondu de vous, je vais vous mener dans un salon où se réuniront douze personnes. Pendant que chacun parlera, vous écrirez une vingtaine de pages, que nous réduirons à quatre. Vous me réciterez ces quatre pages demain matin, puis vous partirez sans vous faire remarquer de personne. Vous arriverez auprès d'un grand personnage. Il vous faudra de l'adresse pour tromper les gens vendus à nos ennemis qui se trouveront dans le groupe. Courez sur le champ* acheter un habillement qui vous donnera l'air peu soigné. L'un des personnages qui donnera son avis est fort capable d'envoyer des renseignements et on pourra bien vous donner au moins de l'opium.

— Il s'agit de Rome je suppose, dit Julien.

Le marquis prit un air de hauteur* et de mécontentement.

— C'est ce que vous saurez, Monsieur, quand je jugerai à propos de vous le dire. Je n'aime pas les questions.

— Ceci n'en était pas une, reprit Julien ; je vous le jure, Monsieur, je cherchais dans mon esprit la route la plus sûre.

sur le champ immédiatement

de hauteur de supériorité

— Oui… N'oubliez jamais qu'un ambassadeur, et de votre âge, ne doit pas avoir l'air de forcer la confiance. Comprenez que toujours on en appelle à son cœur quand on fait une sottise.

Une heure après, Julien partit avec le marquis.

Ils arrivèrent dans un grand salon d'assez triste apparence. Le maître de maison était un homme énorme. Quelques personnages étaient présents, d'autres entrèrent parmi lesquels un nouveau personnage qu'on n'annonça pas. Tout le monde se leva pour le recevoir. Il était court et épais, l'œil brillant avec la méchanceté d'un sanglier.

L'attention de Julien fut vivement distraite par l'arrivée presque immédiate d'un être très différent, un grand homme très maigre qui portait trois ou quatre gilets et qui pouvait être un évêque. Son œil était caressant, ses gestes polis. Il ressemblait beaucoup à l'évêque de Besançon. Il était évident qu'il appartenait à l'Église.

Le jeune évêque d'Agde parut. Son regard surpris embarrassa* et irrita Julien. En occupant la table, on se rapprocha de la place où se trouvait Julien. Il ne pouvait pas ne pas entendre. Et Julien était très embarrassé car il entendait de singulières choses.

Le laquais entra en disant : M. le duc de***. Julien leva les yeux et les baissa aussitôt. Il avait si bien deviné la portée du nouvel arrivant, qu'il trembla que son regard n'ait été une indiscrétion. Son arrivée détermina l'ouverture de la séance. Julien fut interrompu dans ses observations par la voix de M. de La Mole.

— Je vous présente M. l'abbé Sorel, disait le marquis ; il est doué d'une mémoire étonnante.

Puis on demanda à Julien de se retirer* dans la pièce voisine. On le ferait appeler.

Longtemps Julien fut laissé dans ses réflexions. Parfois on parlait

embarrassa mit en difficulté

se retirer d'aller

très haut dans la pièce d'à côté. Enfin, la porte s'ouvrit, on l'appela.

— Songez, Messieurs, disait le président, que nous parlons devant le duc de ***.

Et il ajouta, en montrant Julien :

— Monsieur est dévoué à notre sainte cause* , il redira facilement, à l'aide de sa mémoire étonnante, jusqu'à nos moindres discours...

Après plusieurs phrases de morale et d'indulgence philosophique, l'homme aux gilets dit :

— La noble Angleterre a dépensé quarante milliards de francs pour contrarier la Révolution, donc contre les Jacobins. La noble Angleterre est écrasée aujourd'hui, elle n'a plus un sou au service de la bonne cause. Et quand l'Angleterre ne paie pas, l'Autriche, la Russie, la Prusse, qui n'ont que du courage et pas d'argent, ne peuvent pas faire, contre la France, plus d'une campagne ou deux.

— Monsieur, dit le président à Julien, allez mettre au net dans la pièce voisine le commencement du procès-verbal* que vous avez écrit. Julien sortit à son grand regret. Le rapporteur venait d'aborder des probabilités qui faisaient le sujet de ses méditations habituelles.

« Ils ont peur que je me moque d'eux », pensa-t-il. Quand on le rappela, M. de La Mole disait :

— Il faut qu'il y ait en France deux partis bien nets. Le trône, l'autel, la noblesse peuvent périr demain, Messieurs, tant que vous n'aurez pas créé dans chaque département une force de cinq cents hommes *dévoués.* Que chacun sacrifie le *cinquième* de son revenu pour former cette petite troupe. Les rois étrangers ne vous écouteront que quand vous leur annoncerez vingt mille gentilshommes prêts à saisir les armes pour leur ouvrir les portes de la France. Soyez timides si vous voulez, mais ne soyez pas stupides ; ouvrez les yeux.

sainte cause saint intérêt

procès-verbal compte rendu écrit d'une assemblée

— Trêve* de vérités désagréables, dit un grave personnage, apparemment fort avant dans les dignités ecclésiastiques, car M. de La Mole sourit agréablement au lieu de se fâcher, ce qui fut un grand signe pour Julien. Il est évident, continua-t-il, qu'il y a *impossibilité de former un parti armé en France sans le clergé*. Le peuple, qui, après tout, fournit les soldats, sera plus touché de la voix de ses prêtres que de tous les petits vers du monde.

Mais la conclusion fut qu'il fallait immoler non pas un homme – Napoléon – mais Paris, car toute la France copie Paris.

Après bien des discussions, ces personnages décidèrent de délibérer. Et ce ne fut qu'à trois heures du matin que Julien sortit avec M. de La Mole.

Le marquis était honteux et fatigué. Il demanda à Julien de ne jamais révéler les excès de zèle, dont le hasard venait de le rendre témoin.

— Je suis fatigué à la mort, dit le marquis. Tenez, allez vous reposer et, de peur qu'on ne vous enlève, moi je vais vous enfermer à clé dans votre chambre.

Quelques heures plus tard, Julien prit la route. Le marquis lui avait dit :

— Surtout n'ayez l'air que d'un fat* qui voyage pour tuer le temps. Il y avait peut-être plus d'un faux frère dans notre assemblée d'hier soir.

En voyage, il oublia tout de la mission pour ne penser qu'aux mépris de Mathilde.

Arrivé dans un village pour relayer* les chevaux, on lui dit qu'il n'y avait pas de chevaux, mais il commença à douter. Ne pouvant repartir, il alla se coucher. Dans la nuit, il entendit deux personnes qui parlaient dans sa chambre, sans trop se gêner.

une trêve la suspension temporaire des hostilités
un fat un prétencieux
relayer remplacer dans une tâche

Il reconnut le maître de poste à côté d'un homme qui fouillait tranquillement dans son coffre, c'était l'abbé Castanède ! Julien ne distinguait que les manches de son habit, une soutane. Il saisit alors de petits pistolets qu'il avait sous son oreiller.

— Ne craignez pas qu'il se réveille, Monsieur le curé, disait le maître de poste. Le vin qu'on lui a servi était de celui que vous avez préparé vous-même.

Le lendemain matin, Julien fit semblant d'avoir été empoisonné. Craignant quelque plaisanterie de ce genre, il avait soupé avec du chocolat.

Julien partit et arriva sans autre incident auprès du grand personnage. Vers quatre heures, Julien vit le duc sortir à pied, il n'hésita pas à l'approcher et à lui demander l'aumône. Le duc lui dit de le suivre de loin. Ils entrèrent dans un petit *Café-hauss*. Ce fut dans une chambre de cette auberge que Julien eut l'honneur de réciter au duc ses quatre pages.

Le prince dit alors à Julien de se rendre à Strasbourg et de retourner dans ce même *Café-hauss* douze jours après.

Julien mit deux jours à gagner Strasbourg. Il pensait que l'abbé Castanède, le chef de la police de la congrégation sur toute la frontière du nord, ne l'avait heureusement pas reconnu. Et les jésuites de Strasbourg ne songèrent nullement à observer Julien qui avait l'air d'un jeune militaire fort occupé de sa personne.

Forcé de passer huit jours dans cette ville, Julien cherchait à se distraire. Mais penser à ce qui n'avait pas quelque rapport à Mlle de La Mole était hors de sa puissance. Mathilde avait tout absorbé. Cet être que l'on a vu à Verrières si orgueilleux était tombé dans un excès de modestie ridicule.

Il se promenait à cheval tristement lorsqu'une exclamation de gaieté lui fit lever la tête.

C'était le prince Korasoff, cet ami de Londres.

— Vous avez la mine* d'un trappiste*, dit-il à Julien. L'air triste ne peut être de bon ton ; c'est l'air ennuyé qu'il faut. Ah ! Ça, mon cher, avez-vous perdu tout votre argent, ou seriez-vous amoureux de quelque petite actrice ?

Ces plaisanteries sur l'amour mirent des larmes dans les yeux de Julien.

— Eh bien oui, mon cher, dit-il au prince, vous me voyez à Strasbourg fort amoureux et même délaissé*.

Alors le prince Korasoff dicta à Julien une stratégie qui allait lui permettre de reconquérir le cœur de Mathilde :

1° la voir tous les jours, mais en affectant une indifférence totale comme pendant les premiers jours de leur rencontre.

2° faire la cour à une femme de la société en sa présence, mais cela sans les apparences de la passion. Ainsi la femme qu'il aime, qui n'est occupée que d'elle-même, et qui ne voit que le héros qu'elle a imaginé en Julien, commencera à le connaître. Il conseilla aussi à Julien d'écrire de nombreuses lettres pleines de passion à la dame qu'il courtise. Il lui donna alors de nombreux exemples de lettres que Julien ne devait que copier.

À peine de retour à Paris, Julien rencontra M. de La Mole, lui donna la réponse à la note secrète qui le déconcerta, et courut chez le comte Altamira qui voyait beaucoup Mme de Fervaques, une veuve dévote. Julien était décidé à mettre son plan à exécution, il avoua donc au comte Altamira qu'il était fort amoureux de cette dame.

mine apparence du visage
trappiste religieux de l'ordre de la Trappe
délaissé abandonné

— C'est la vertu la plus pure et la plus haute, répondit Altamira. Elle vous donnera du poids dans la société.

Mais l'heure du dîner approchait, il allait donc revoir Mathilde ! Il rentra et se prépara à suivre à la lettre l'ordonnance du prince. Habillé d'une façon très simple, il voulait que son regard soit éteint. On passa à table. Enfin parut Mlle de La Mole. Elle rougit beaucoup en voyant Julien ; on ne lui avait pas dit son arrivée. Julien se disait à chaque instant qu'il ne devait pas trop la regarder. Vers huit heures, on annonça Mme la maréchale de Fervaques. Julien s'échappa et reparut bientôt vêtu avec le plus grand soin. Il se plaça à côté de la maréchale.

Mathilde l'avait oublié pendant son voyage. « Ce n'est après tout qu'un être commun », pensait-elle, « son nom me rappellera toujours la plus grande faute de ma vie. » Elle était disposée à conclure l'arrangement avec le marquis de Croisenois. Celui-ci était fou de joie.

Toutes les idées de Mlle de La Mole changèrent en voyant Julien. « Au vrai, c'est là mon mari », se dit-elle ; « il est évident que c'est lui que je dois épouser. » Mais Julien l'ignora totalement, du moins en apparence.

Julien commença à envoyer les lettres préparées par le prince, ainsi la maréchale en vint à constater que ce jeune prêtre avait de la distinction, qu'il écrivait bien.

Un matin, on remit une lettre à Julien ; il reconnut les armes* de Mme de Fervaques, et brisa le cachet : c'était une invitation à dîner.

Le salon était de la plus haute magnificence. Il y remarqua trois personnages qui avaient assisté à la rédaction de la note secrète. « Me voici dînant avec le fameux évêque de ***, oncle de la maréchale ! Combien il m'est indifférent ! »

armes armoiries, emblème qui distingue une famille

Pendant tout le temps usurpé dans la vie de Julien par l'épisode Fervaques, Mlle de La Mole avait besoin de prendre sur elle* pour ne pas songer à Julien. Son âme était en proie à de violents combats : quelquefois elle se flattait* de mépriser ce jeune homme si triste ; mais, malgré elle, sa conversation la captivait. Sa fausseté parfaite l'étonnait ; chaque mot à la maréchale était un mensonge, un déguisement de sa façon de penser, que Mathilde connaissait si parfaitement. Ce machiavélisme la frappait.

Toutefois, Julien vivait des journées affreuses. « J'ai vaincu le désespoir au séminaire », se disait-il. « Le printemps suivant, j'étais le plus heureux des jeunes gens de mon âge. »

Maintenant, chaque jour il voyait Mathilde au déjeuner et à dîner. D'après les lettres que lui dictait M. de La Mole, il la savait à la veille d'épouser M. de Croisenois qui paraissait deux fois par jour à l'hôtel de La Mole.

« Ah ! Que je serais plus sage d'aller dans la forêt finir mon exécrable vie ! », se dit Julien. Ce raisonnement était fort sage, mais le lendemain, en voyant la beauté de Mathilde, il décida de poursuivre son jeu.

Après avoir lu, sans plaisir d'abord, les longues lettres de Julien, Mme de Fervaques, qui avait combattu un début d'intérêt, commençait toutefois à en être occupée et un beau jour elle se décida à répondre à Julien. Les lettres devinrent nombreuses.

Un matin, entrant dans la bibliothèque, Mathilde surprit sur la table de Julien l'une de ces lettres.

— Voilà ce que je ne puis souffrir, s'écria Mathilde en s'emparant de la lettre ; vous m'oubliez tout à fait, moi qui suis votre épouse. Votre conduite est affreuse, Monsieur.

À ces mots, son orgueil, étonné de l'inconvenance de sa démarche, la suffoqua ; elle fondit en larmes.

de prendre sur elle de faire un effort de volonté **elle se flattait** elle était présomptueusement persuadée

Surpris, confondu, Julien ne distinguait pas bien tout ce que cette scène avait d'admirable et d'heureux pour lui. Il aida Mathilde à s'asseoir ; elle s'abandonnait presque dans ses bras.

Le premier instant où il s'aperçut de ce mouvement, fut de joie extrême. Le second fut une pensée pour Korasoff : « Je puis tout perdre par un seul mot. »

Et en maudissant le caractère de Mathilde, il l'en aimait cent fois plus ; il lui semblait avoir dans ses bras une reine.

L'impassible froideur de Julien redoubla le malheur d'orgueil qui déchirait l'âme de Mlle de La Mole. Elle ne put se résoudre à le regarder ; elle tremblait de rencontrer l'expression du mépris. Elle se trouvait en proie aux plus vives douleurs que l'orgueil et l'amour puissent faire éprouver à une âme humaine car elle se voyait repoussée par un domestique de son père.

— C'est ce que je ne souffrirai pas, dit-elle à haute voix.

Et se levant avec fureur, elle ouvrit le tiroir de la table de Julien placée à deux pas d'elle. Elle resta comme glacée d'horreur en y voyant huit ou dix lettres non ouvertes, semblables en tout à celle qu'elle venait de voir.

— Ainsi, s'écria-t-elle hors d'elle-même, non seulement vous êtes bien avec elle, mais encore vous la méprisez. Vous, un homme de rien, mépriser Mme la maréchale de Fervaques ! ... Ah ! Pardon, mon ami, ajouta-t-elle en se jetant à ses genoux, méprise-moi si tu le veux, mais aime-moi, je ne puis plus vivre privée de ton amour. Et elle tomba évanouie.

« La voilà donc, cette orgueilleuse, à mes pieds ! » se dit Julien.

Compréhension

1 Coche la bonne réponse et justifie ton choix.

Le marquis de La Mole ne demande pas à Julien de prêter serment de ne rien répéter :

A ☐ parce qu'il ne le veut pas ;
B ☐ parce qu'il n'a pas confiance en lui ;
C ☑ parce qu'il a confiance en Julien.

Le marquis de La Mole ne lui demande pas de prêter serment parce qu'il connaît bien Julien, il considère donc que ce serait une injure que de douter de lui.

1 Le marquis dit à Julien d'aller s'acheter un habillement qui lui donnera l'air peu soigné :

A ☐ afin qu'il ait l'air d'un voyageur quelconque et qu'on ne puisse pas le reconnaître ;
B ☐ parce qu'il prétend trop s'ennoblir ;
C ☐ parce qu'il ne sait pas faire attention aux beaux vêtements.

....

2 Le jeune évêque d'Agde est surpris de voir Julien. Cela irrite Julien :

A ☐ parce que cet évêque ne le connaît pas ;
B ☐ parce que Julien le connaît car il l'a déjà rencontré ;
C ☐ parce que Julien a mal dormi et est très fatigué.

....

3 Lorsque M. le duc de *** entre, Julien a peur d'avoir été indiscret :

A ☐ parce qu'il se rend compte que cette séance est très secrète ;
B ☐ parce qu'on peut le faire parler ;
C ☐ parce qu'ils savent qu'il parlera sûrement.

....

4 La bonne cause dont parle l'homme aux gilets est :

A ☐ de faire en sorte que les effets de la Révolution progressent ;
B ☐ de lutter contre la Révolution ;
C ☐ un événement qui n'a rien à voir avec la Révolution.

....

5 Le marquis de La Mole sort honteux de la réunion secrète parce que :

A ☐ il se laisse influencer par le personnage si important appartenant à l'Église ;
B ☐ il n'a pas su s'exprimer ;
C ☐ il n'a pas osé parler.

....

6 L'abbé Castanède est un prêtre :

A ☐ qui est contre la Révolution et Napoléon ;
B ☐ qui est pour la Révolution et Napoléon ;
C ☐ qui ne s'occupe pas de politique.

....

7 À Strasbourg, Julien passe des journées :

A ☐ pleines de gaieté ;
B ☐ pleines de travail ;
C ☐ très tristes.

....

8 Julien révèle au prince Korasoff qu'il :

A ☐ veut rentrer dans un couvent ;
B ☐ est terriblement amoureux d'une femme qui l'a délaissé ;
C ☐ est terriblement amoureux d'une femme qui l'attend anxieusement.

....

9 Julien fait la cour à la maréchale de Fervaques parce que le prince Korasoff le lui a conseillé :

A ☐ mais aussi parce qu'il en est tombé amoureux ;
B ☐ mais aussi parce que l'amour l'a beaucoup déçu ;
C ☐ parce qu'il espère reconquérir Mathilde.

....

10 La stratégie que le prince Korasoff a dictée à Julien pour reconquérir Mathilde :

A ☐ le fait penser au suicide ;
B ☐ lui plaît beaucoup ;
C ☐ amuse Mathilde.

....

11 Lorsque Mathilde se jette à ses pieds pour le supplier, Julien :

A ☐ lui déclare qu'il n'aime qu'elle ;
B ☐ se déclare vainqueur ;
C ☐ a beaucoup de mépris pour elle.

....

Vocabulaire

2 Complète le texte avec les mots de l'encadré.

~~bibliothèque~~ • mot • caractère • tiroir • cent • lettre • fondit malheur • pénible • cœur • mouvement • s'abandonnait bras • écrire • second • épouse • affreuse • table • froideur en s'emparant • d'admirable

Un matin, le portier apportait à Julien, dans la (0) *bibliothèque*, une lettre de la maréchale ; Mathilde rencontra cet homme, vit la (1) .... et l'adresse de l'écriture de Julien. Elle entra dans la bibliothèque comme le portier en sortait ; la lettre était encore sur le bord de la (2) .... ; Julien, fort occupé à (3) ...., ne l'avait pas placée dans son (4) ....

— Voilà ce que je ne puis souffrir, s'écria Mathilde (5) .... de la lettre ; vous m'oubliez tout à fait, moi qui suis votre (6) .... Votre conduite est (7) ...., Monsieur.

À ces mots, son orgueil, étonné de l'effroyable inconvenance de sa démarche, la suffoqua ; elle (8)....................... en larmes, et bientôt parut à Julien hors d'état de respirer.

Surpris, confondu, Julien ne distinguait pas bien tout ce que cette scène avait (9) .... et d'heureux pour lui. Il aida Mathilde à s'asseoir : elle (10) .... presque dans ses (11) ....

Le premier instant où il s'aperçut de ce (12) .... fut de joie extrême. Le (13) .... fut une pensée pour Korasoff : je puis tout perdre par un seul (14) ....

Ses bras se raidirent, tant l'effort imposé par la politique était (15) .... Je ne dois pas même me permettre de presser contre mon (16) .... ce corps souple et charmant, ou elle me méprise et me maltraite. Quel affreux (17) ....!

Et en maudissant le caractère de Mathilde, il l'en aimait (18) .... fois plus ; il lui semblait avoir dans ses bras une reine.

L'impassible (19) .... de Julien redoubla le (20) .... d'orgueil qui déchirait l'âme de Mlle de La Mole.

DELF – Production écrite

3 Écris une page de ton journal dont la trame répond aux questions suivantes.

a Mathilde parle-t-elle avec son cœur lorsqu'elle demande à Julien de l'aimer ?

b Crois-tu que Mathilde arrivera à aimer et à respecter réellement un homme d'un niveau social très inférieur ?

c Pourquoi s'évanouit-elle ? D'orgueil, de mépris, d'amour, de désespoir ?

Grammaire

4 Complète le texte avec les comparatifs de l'encadré qui conviennent.

~~plus ... qu'~~ • moins ... qu' • autant de ... qu' • aussi ... qu' • aussi ... qu' • plus ... que • plus ... qu' • plus ... que

L'amour de Julien envers Mathilde devenait rapidement (0) ....plus.... idyllique....qu'.... auparavant à mesure qu'il s'éloignait du moment de la bataille. « Comment ai-je pu résister avec (1) .... détermination .... un être insensible ! Si elle allait m'aimer (2) .... aujourd'hui .... hier ! Un moment peut rendre cette âme (3) .... altière demain .... aujourd'hui et hier, et il faut convenir que je l'ai traitée d'une façon (4) .... affreuse .... d'habitude ».

Le soir, il dut paraître au théâtre où Mme de Fervaques l'avait invité. Son absence aurait été (5) .... impolie .... irrespectueuse. De la loge de Mme de Fervaques, Julien put voir les dames de la Mole. Mathilde était (6) .... émue .... jamais face au spectacle. Elle avait insisté à venir afin de voir si Julien était (7) .... attaché à cette personne .... il voulait le faire comprendre.

Chapitre 7

Amour ou ambition ?

▶ 4 Julien était plus étonné qu'heureux. Les injures de Mathilde lui montraient combien la politique russe était sage. *Peu parler, peu agir*, voilà mon unique moyen de salut.

Il releva Mathilde, et sans mot dire la replaça sur le divan. Peu à peu, les larmes la gagnèrent.

Pour se donner une contenance, elle prit dans ses mains les lettres de Mme de Fervaques ; elle tournait sans lire les feuilles, la plupart avaient six pages.

— Répondez-moi, du moins, dit enfin Mathilde du ton de voix le plus suppliant. Mme de Fervaques m'a donc enlevé votre cœur… A-t-elle fait pour vous tous les sacrifices où ce fatal amour m'a entraînée ?

Un énorme silence fut toute la réponse de Julien.

Les yeux remplis de larmes ne permirent pas à Mathilde de lire ces lettres. Depuis un mois elle était malheureuse, mais cette âme hautaine était loin de s'avouer* ses sentiments. Julien voyait ses cheveux sur son cou d'albâtre* ; un moment il oublia tout ce qu'il se devait ; il passa le bras autour de sa taille, et la serra presque contre sa poitrine. Elle tourna la tête vers lui lentement : il fut étonné de l'extrême douleur qui était dans ses yeux.

« Ces yeux n'exprimeront bientôt que le plus froid dédain », se dit Julien, « si je me laisse entraîner au bonheur de l'aimer ». Cependant

s'avouer admettre à elle-même

albâtre pierre de gypse d'un blanc immaculé

elle lui répétait l'assurance de tous ses regrets pour ce que son orgueil avait pu conseiller.

— J'ai aussi de l'orgueil, lui dit Julien.

Mathilde se retourna vivement vers lui. Elle aurait voulu lui prouver jusqu'à quel point elle l'adorait et se détestait elle-même.

— C'est probablement à cause de cet orgueil et de cette fermeté courageuse, continua Julien, que vous m'estimez en ce moment. Je puis avoir de l'amour pour la maréchale…

Mathilde tressaillit* ; ses yeux prirent une expression étrange.

Il ajouta :

— La maréchale m'a montré de l'indulgence, elle m'a consolé quand on me méprisait… Je puis ne pas avoir une foi illimitée en des apparences très flatteuses, mais peut-être aussi, bien peu durables.

— Ah ! grand Dieu ! s'écria Mathilde.

— Eh bien ! quelle garantie me donnerez-vous ? reprit Julien avec un accent vif et ferme.

— L'excès de mon amour et de mon malheur si vous ne m'aimez plus, lui dit-elle en lui prenant les mains et se tournant vers lui.

Il retira ses mains et, avec un respect marqué, s'éloigna un peu d'elle. Il réunit toutes les lettres de Mme de Fervaques et, avec une politesse cruelle, il ajouta :

— Mlle de La Mole daignera me permettre de réfléchir sur tout ceci. Il s'éloigna et quitta la bibliothèque.

Mathilde tressaillit d'horreur quand, le soir au salon, un laquais annonça Mme de Fervaques. Elle ne put soutenir la vue de la maréchale et s'éloigna rapidement.

Julien, de peur que ses propres regards puissent trahir les regrets de sa victoire, n'avait pas dîné à l'hôtel de La Mole.

tressaillit se contracta brusquement

Son amour et son bonheur augmentaient rapidement. Il sentit alors qu'il fallait aller au théâtre avec Mme de Fervaques. Elle l'avait expressément invité : Mathilde ne manquerait donc pas de savoir sa présence.

Dix heures sonnèrent : il fallut absolument se montrer.

Par bonheur, il trouva la loge de la maréchale remplie de femmes et fut caché par les chapeaux car les accents divins du désespoir de Caroline dans le *Matrimonio segreto** le firent fondre en larmes. Mme de Fervaques vit ces larmes, elle en fut touchée. Elle dit à Julien :

— Avez-vous vu les dames de La Mole, lui dit-elle. Elles sont au troisième.

Mathilde était venue aux Bouffes* car elle voulait voir si Julien y serait avec la maréchale.

Julien courut dans la loge de Mme de La Mole. Ses yeux rencontrèrent d'abord les yeux en larmes de Mathilde qui posa sa main sur la sienne. Étouffée par ses larmes, elle ne lui dit que ce seul mot : *Des garanties !*

Julien s'efforça de ne pas parler pour ne pas trahir son émotion. Mais il était ivre d'amour et de volupté.

En rentrant dans sa chambre, Julien se jeta à genoux et couvrit de baisers les lettres d'amour données par le prince Korasoff. Il se compara à un général qui venait de gagner à demi une grande bataille. Mais que se passera-t-il demain ? Il ouvrit les *Mémoires* de Napoléon.

— Lui faire peur, cria-t-il tout à coup. L'ennemi ne m'obéira que si je lui fais peur, alors il n'osera me mépriser.

Il savait que le lendemain, dès huit heures du matin, Mathilde serait à la bibliothèque ; il n'y parut qu'à neuf heures, brûlant d'amour, mais sa tête dominait son cœur.

le Matrimonio segreto drame joyeux de Domenico Cimarosa **Bouffes** Opéra comique

Il la trouva pâle, calme, assise sur le divan. Elle lui tendit la main :

— Ami, je t'ai offensé, il est vrai ; tu peux être fâché contre moi ?...

Julien, surpris, fut sur le point de se trahir.

— Vous voulez des garanties, ajouta-t-elle, c'est juste. Partons pour Londres... Je serai perdue à jamais, déshonorée... Eh bien ! déshonorez-moi, dit-elle enfin avec un soupir, c'est *une garantie.*

Julien eut assez d'empire sur son cœur* pour dire d'un ton glacial :

— Une fois en route pour Londres, une fois déshonorée, qui me répond que vous m'aimerez ? Ce n'est pas votre positon avec le monde qui fait obstacle, c'est par malheur votre caractère. Pouvez-vous vous répondre à vous-même que vous m'aimerez huit jours ?

Mathilde le vit pensif.

— Je suis donc tout à fait indigne de vous, dit-elle en lui prenant la main.

Julien l'embrassa, mais à l'instant la main de fer* du devoir saisit son cœur. « Si elle voit combien je l'adore, je la perds », se dit-il. Ce jour-là et les suivants il cacha sa félicité. Pourtant il advint que le délire du bonheur l'emporte sur tous les conseils de la prudence.

C'était près de l'échelle, dans le jardin d'où il pouvait regarder la persienne de Mathilde. Y passant avec Mathilde et se rappelant si vivement l'excès de son malheur, des larmes inondèrent ses yeux, et, portant à ses lèvres la main de son amie :

— Ici, je vivais en pensant à vous ; ici, je regardais cette persienne...

Sa faiblesse fut complète. Il lui peignit avec ces couleurs vraies qu'on n'invente pas l'excès de son désespoir d'alors.

« Que fais-je, grand Dieu ! » se dit Julien. « Je me perds ». Il crut déjà voir moins d'amour dans les yeux de Mlle de La Mole. C'était une illusion, mais la figure de Julien changea.

eut assez d'empire sur son coeur eut assez de domination sur son coeur
main de fer autorité inflexible

— Qu'avez-vous donc, mon ami ? lui dit Mathilde, avec tendresse et inquiétude.

— Je mens, dit Julien avec humeur, et je mens à vous. Et il avoua ainsi qu'il se reprochait ces tendres aveux.

Elle lui reprocha, le soir, en riant, son goût pour Mme de Fervaques :

— Un bourgeois aimer une parvenue* !

Une chose piquait Mathilde. Julien continuait à copier les lettres russes, et à les envoyer à la maréchale.

Un voyageur anglais raconte l'intimité où il vivait avec un tigre ; il l'avait élevé et le caressait, mais toujours sur sa table tenait un pistolet armé.

Julien ne s'abandonnait à l'excès de son bonheur que dans les instants où Mathilde ne pouvait en lire l'expression dans ses yeux. Il s'acquittait de son devoir de lui dire des mots durs sans faiblesse.

Pour la première fois, Mathilde aima. Alors elle voulait s'exposer avec témérité à tous les dangers que son amour pouvait lui faire courir. C'était Julien qui avait de la prudence.

Le soir au salon, au milieu de soixante personnes, elle appelait Julien pour lui parler en particulier et longtemps.

Elle se trouva enceinte et l'apprit avec joie à Julien.

— Maintenant douterez-vous de moi ? N'est-ce pas une garantie ? Je suis votre épouse à jamais.

Cette annonce frappa Julien d'un étonnement profond. Il fut sur le point d'oublier le principe de sa conduite. Comment être volontairement froid et offensant envers cette pauvre jeune fille qui se perd pour moi.

— Je veux l'écrire à mon père, lui dit un jour Mathilde ; c'est plus qu'un père pour moi ; c'est un ami ; comme tel, je trouverais indigne de vous et de moi de chercher à le tromper, ne serait-ce qu'un instant.

une parvenue une personne qui a acquis une condition sociale supérieure sans en avoir pris les manières

— Grand Dieu ! Qu'allez-vous faire ? dit Julien effrayé.

— Mon devoir, répondit-elle avec des yeux brillants de joie.

Elle se trouvait plus magnanime que son amant.

— Mais il me chassera avec ignominie !

— C'est son droit, il faut le respecter. Je vous donnerai le bras et nous sortirons par la porte cochère*, en plein midi.

Julien, étonné, la pria de différer d'une semaine.

— Je ne puis, répondit-elle, l'honneur parle.

— Eh bien ! je vous ordonne de différer, dit enfin Julien. Votre honneur est à couvert, je suis votre époux. Notre état à tous les deux va être changé par cette démarche capitale. Je suis aussi dans mon droit. C'est aujourd'hui mardi ; mardi prochain c'est le jour du duc de Retz ; le soir, quand M. de La Mole rentrera, le portier lui remettra la lettre fatale… Il ne pense qu'à vous faire duchesse, j'en suis certain, jugez de son malheur !

— Voulez-vous dire : jugez de sa vengeance ?

— Je puis avoir pitié de mon bienfaiteur, être navré de lui nuire ; mais je ne crains et ne craindrai jamais personne.

Mathilde se soumit. Depuis qu'elle avait annoncé son nouvel état à Julien, c'était la première fois qu'il lui parlait avec autorité ; jamais il ne l'avait tant aimée. L'aveu à M. de La Mole l'agita profondément. Allait-il être séparé de Mathilde ?

Le soir, il avoua à Mathilde ce sujet de chagrin, égaré par son amour.

Elle changea de couleur.

— Réellement, lui dit-elle, six mois passés loin de moi seraient un malheur pour vous !

— Immense, le seul au monde que je voie avec terreur.

Mathilde fut bien heureuse. Julien avait suivi son rôle avec tant

porte cochère porte où une voiture peut passer

d'application qu'il était parvenu à lui faire penser qu'elle était celle des deux qui avait le plus d'amour.

Le mardi fatal arriva. À minuit, en rentrant, le marquis trouva une lettre à son adresse pour qu'il l'ouvre lui-même.

« Que faire ? » se disait Julien pendant que M. de La Mole lisait la lettre : « Où est mon devoir, mon intérêt ? Ce que je lui dois est immense. Il m'a fait un homme du monde. S'il voulait prescrire ma conduite, qu'est-ce qu'il écrirait ?... »

Julien fut brusquement interrompu par le vieux valet de chambre de M. de La Mole.

— Le marquis vous demande à l'instant, vêtu ou non vêtu.

Le valet ajouta à voix basse en marchant à côté de Julien :

— Il est hors de lui, prenez garde à vous.

Julien trouva le marquis furieux; pour la première fois de sa vie, peut-être ce seigneur fut de mauvais ton, il accabla Julien de toutes les injures qui lui vinrent à la bouche.

— *Je ne suis pas un ange*… Je vous ai bien servi, vous m'avez payé avec générosité… j'étais reconnaissant, mais j'ai vingt-deux ans… Dans cette maison, ma pensée n'était comprise que de vous et de cette personne aimable…

— Monstre ! s'écria le marquis. Aimable ! Le jour où vous l'avez trouvée aimable, vous deviez fuir.

—Je l'ai tenté ; alors, je vous demandai de partir pour le Languedoc.

Las de se promener avec fureur, le marquis, dompté* par la douleur, se jeta dans un fauteuil; Julien l'entendit se dire, à demi-voix: « Ce n'est point là un méchant homme ». Le marquis était réellement égaré.

Quoi ! ma fille s'appellera Mme Sorel ! quoi ! ma fille ne sera pas duchesse ! Toutes les fois que ces deux idées se présentaient aussi

dompté soumis, forcé à obéir

Mon Pere

nettement, M. de La Mole était torturé et les mouvements de son âme n'étaient plus volontaires. Julien craignit d'être battu.

Julien s'approcha de la table et écrivit une lettre dans laquelle il autorisait le marquis à le tuer. Mais il dit en la lui remettant :

— Que Monsieur le marquis daigne parcourir ce papier… Tuez-moi, dit Julien, ou faites-moi tuer par votre valet de chambre. Il est une heure du main, je vais me promener au jardin vers le mur du fond.

— Allez à tous les diables*, lui cria le marquis comme il s'en allait.

« Je comprends », pensa Julien ; « qu'il me tue, c'est une satisfaction que je lui offre… Mais, parbleu*, j'aime la vie… Je me dois à mon fils ». Il pensa demander conseil à Fouqué ou au comte Altamira, mais il conclut que seul l'abbé Pirard pouvait éviter de compliquer sa situation. Il lui vint alors l'idée d'aller se confesser.

Le lendemain de très grand matin, Julien était à plusieurs lieues de Paris. Il vit que le sévère janséniste n'était pas trop surpris. Ils tentèrent de deviner quelle serait la réaction de M. de La Mole pendant que Mathilde, à Paris, était au désespoir. Son père lui avait montré la lettre de Julien, elle tremblait qu'il n'ait trouvé noble de mettre fin à sa vie : « Et sans ma permission ? », se disait-elle avec une douleur qui était de la colère.

— S'il est mort, je mourrai, dit-elle à son père. C'est vous qui serez cause de sa mort ... je prendrai le deuil. Je serai alors publiquement *Mme veuve Sorel*.

Son amour allait jusqu'à la folie. Au déjeuner, Mathilde ne parut pas. Le marquis fut flatté quand il s'aperçut qu'elle n'avait rien dit à sa mère.

Julien descendait de cheval. Mathilde se jeta dans ses bras. Elle supplia Julien de la laisser conduire l'affaire vis à vis de son père ; elle lui écrirait.

à tous les diables se dit pour repousser quelqu'un avec colère, indignation

parbleu juron affirmant une évidence

— Adieu ! fuis, lui dit-elle.

Ce dernier mot blessa Julien, il obéit cependant.

Mathilde résista avec fermeté à tous les projets *prudents* de son père : elle serait Mme Sorel, et vivrait pauvrement avec son mari en Suisse, ou chez son père à Paris. Elle repoussait la proposition d'un accouchement* clandestin.

Cette fermeté finit par donner des doutes au marquis qui, dans un moment d'attendrissent dit :

— Tiens, voilà une inscription de dix mille livres de rente, envoie-la à ton Julien, et qu'il m'empêche bien vite de la reprendre.

En effet le marquis ne pouvait s'accoutumer à ce que sa fille s'appelle *Mme Sorel*.

« Qui l'aurait pu prévoir ? Ce siècle est fait pour tout confondre ! nous marchons vers le chaos », se disait-il.

Il ne trouvait pas raisonnable de se fâcher, mais ne pouvait se résoudre à pardonner.

Tout le monde dans la maison croyait que Julien voyageait en province pour l'administration des terres : il était caché au presbytère de l'abbé Pirard, et voyait Mathilde presque tous les jours.

Un jour le marquis dit à Mathilde :

— Je ne veux pas savoir où est cet homme, envoie-lui cette lettre.

Il s'agissait d'une lettre dans laquelle le marquis disait qu'il leur donnait les terres du Languedoc*.

— Je vous remercie beaucoup, dit Mathilde gaiement. Nous allons nous fixer au Château d'Aiguillon, entre Agen et Marmande. On dit que c'est un pays aussi beau que l'Italie.

Cette donation surprit beaucoup Julien. Une fortune si imprévue pour un homme si pauvre en fit un ambitieux. Quant à Mathilde, sa grande et unique ambition était de faire reconnaître son mariage. De

accouchement action de mettre au monde un enfant **Languedoc** région du sud de la France

plus, Mathilde finit par s'impatienter de voir si peu l'homme qu'elle était parvenue à aimer réellement. Elle communiqua alors à son père qu'elle irait chez le père Pirard afin qu'il les marie, puis ils partiraient pour le Languedoc sans jamais reparaître à Paris. Elle termina sa lettre par ces mots :

— *Ô mon père ! venez assister à mon mariage, dans l'église de M. Pirard, jeudi prochain.*

L'âme du marquis fut jetée dans un étrange embarras. Il fallait donc à la fin *prendre un parti*. Après mûre réflexion, il écrivit une lettre à sa fille dans laquelle il lui remit le brevet de lieutenant de Hussards* pour M. le chevalier Julien Sorel de La Vernaye et lui dit que Julien devait partir dans les vingt-quatre heures, pour se faire recevoir à Strasbourg, où était son régiment.

L'amour et la joie de Mathilde n'eurent plus de bornes ; elle voulut profiter de la victoire et répondit qu'elle n'enverrait le brevet à M. de La Vernaye que si le marquis lui donnait sa parole que, dans le courant du mois qui suivait, son mariage serait célébré en public, à Villequier.

La réponse du marquis fut imprévue :

— Obéissez, ou je me rétracte de tout. Tremblez, jeune imprudente. Je ne sais pas encore ce que c'est que votre Julien, et vous-même vous le savez moins que moi. Qu'il parte pour Strasbourg, et songe à marcher droit. Je ferai connaître mes volontés d'ici quinze jours.

Cette réponse si ferme étonna Mathilde. *Je ne connais pas Julien* ; ce mot la jeta dans une rêverie, qui bientôt finit par les suppositions les plus enchanteresses ; mais elle les croyait la vérité. « L'esprit de mon Julien n'a pas revêtu le petit *uniforme* mesquin des salons, et mon père ne croit pas à sa supériorité, précisément à cause de ce qui la prouve… »

de Hussards militaire appartenant à un régiment de cavallerie légère

Mathilde se décida à obéir, mais ne communiqua pas la lettre de son père à Julien de peur qu'il ne fasse quelque folie.

Le soir, lorsqu'elle apprit à Julien qu'il était lieutenant de Hussards, sa joie fut sans bornes. On peut se la figurer par l'ambition de toute sa vie, et par la passion qu'il avait maintenant pour son fils.

« J'ai su me faire aimer », pensait-il en regardant Mathilde, de ce monstre d'orgueil, « son père ne peut vivre sans elle, et elle sans moi. »

Compréhension

1 Reconstitue correctement les phrases.

[p] Les injures de Mathilde lui montraient...

1 ☐ Les yeux remplis de larmes ne permirent pas...
2 ☐ Il passa le bras autour de sa taille, ...
3 ☐ Ces yeux n'exprimeront bientôt que le froid dédain...
4 ☐ Mathilde tressaillit ; ...
5 ☐ De plus Mathilde finit par s'impatienter de voir si peu...
6 ☐ L'excès de mon amour et de mon malheur...
7 ☐ Mlle de La Mole daignera...
8 ☐ Elle ne put souvenir la vue de la maréchale...
9 ☐ Julien s'efforça de ne pas parler...
10 ☐ Julien se jeta à genoux et...
11 ☐ L'ennemi ne m'obéira que...
12 ☐ Il n'y parut qu'à neuf heures, brûlant d'amour, ...
13 ☐ Ce n'est pas votre position qui fait obstacle, ...
14 ☐ Julien l'embrassa, mais à l'instant...
15 ☐ Julien ne s'abandonnait à l'excès de son bonheur...
16 ☐ Elle se trouva enceinte...
17 ☐ Comment être volontairement froid et offensant...
18 ☐ Julien trouva le marquis furieux ; il accabla Julien...

a ... l'homme qu'elle était parvenue à aimer réellement.
b ... si je me laisse entraîner au bonheur de l'aimer.
c ... de réfléchir sur tout ceci.
d ... pour ne pas trahir son émotion.
e ... mais sa tête dominait son cœur.
f ... que quand les instants où Mathilde ne pouvait en lire l'expression dans ses yeux.
g ... à Mathilde de lire ces lettres.
h ... ses yeux prirent une expression étrange.
i ... la main de fer du devoir saisit son cœur.
j ... et la serra presque contre sa poitrine.
k ... et l'apprit avec joie à Julien.
l ... si je lui fais peur.

m ... c'est votre caractère.
n ... couvrit de baisers les lettres d'amour données par le prince Korasoff.
o ... envers cette pauvre fille qui se perd pour moi.
p ... combien la politique russe était sage.
q ... si vous ne m'aimez plus.
r ... et s'éloigna rapidement.
s ... de toutes les injures qui lui vinrent à la bouche.

2 Vrai (V) ou faux (F) ? Corrige les énoncés faux.

	V	F
Mathilde ne veut pas donner de garanties de son amour pour Julien.	☐	☑
En apprenant à Julien qu'elle est enceinte, Mathilde demande à Julien si cela n'est pas une garantie et elle ajoute qu'elle est son épouse à jamais.		
1 Mathilde veut immédiatement annoncer la nouvelle à son père.	☐	☐
....		
2 Julien accepte que Mathilde lui annonce immédiatement qu'elle attend un enfant.	☐	☐
....		
3 Mathilde ne voit plus Julien parce que son père le lui interdit. Elle est désespérée.	☐	☐
....		
4 Mathilde contredit tous les projets de son père concernant Julien ; elle était prête à vivre pauvrement en Suisse, jusqu'au moment où son père leur donna une fortune.	☐	☐
....		

Vocabulaire

3 Mots croisés.

HORIZONTALEMENT

4 Conforme à la réalité.
6 Tracer des signes d'écriture.
9 Excuser, oublier.
10 Revenu tiré d'un bien.
11 Qui doit rester confidentiel.
12 Géniteur.

VERTICALEMENT

1 Être humain.
2 Qui possède beaucoup.
3 Personne de sexe féminin par rapport à ses parents.
5 Charmer.
7 Union légale d'un homme et d'une femme.
8 Être en vie.

4 Complète la lettre suivante de M. de La Mole à Mathilde avec des mots de l'exercice 3.

« Je pouvais tout (0) ....pardonner........, excepté le projet de vous (1) .... parce que vous êtes (2) .... Voilà, malheureuse (3) ...., l'affreuse (4) .... Je vous donne ma parole d'honneur que je ne consentirai jamais à un

(5) .... avec cet (6) .... Je lui assure dix mille livres de (7) .... s'il veut (8) .... au loin, hors des frontières de France, ou mieux encore en Amérique.
Lisez la lettre que je reçois en réponse aux renseignements que j'avais demandés.
L'impudent m'avait engagé lui-même à (9) .... à Mme de Rênal. Jamais je ne lirai une ligne de vous relative à cet homme. Je prends en horreur Paris et vous engage à recouvrir du plus grand (10) .... ce qui doit arriver. Renoncez franchement à un homme vil, et vous retrouverez un (11) .... »

ACTIVITÉ DE PRÉ-LECTURE

Grammaire

5 Indicatif, conditionnel ou subjonctif ? Mets les verbes entre parenthèses au temps indiqué et au mode qui convient.

— Où (0) ....*est*.................. (*être* - présent) la lettre de Mme de Rênal ? (1) ....(*demander* - présent) froidement Julien.

— La voici. Je n'(2) .... (*vouloir* - passé composé) te la montrer qu'après que tu aurais été préparé.

Et Julien (3) .... (*se mettre* - passé composé) à lire. Mme de Rênal (4) .... (*dire* - imparfait) que sa conduite avait été condamnable car, pauvre et avide, il (5) .... (*séduire* — passé composé) une femme faible et malheureuse à l'aide de l'hypocrisie. Elle (6)......................... (*ajouter* - imparfait) que Julien n'avait aucun principe de la religion et qu'il (7) .... (*tenter* — imparfait) de séduire la femme la plus importante et d'arriver à disposer de sa fortune.

Julien (8) .... (*regarder* - présent) Mathilde ne sachant trop que dire pendant que sa colère augmente.

— Je ne peux blâmer M. de La Mole, il est juste et prudent. Quel père (9) .... (*vouloir* - conditionnel) donner sa fille chérie à un tel homme ! Adieu !

« Il faut que cette femme (10) .... (*avoir* - présent) énormément souffert pour penser de la sorte de moi ! »

Il (11) .... (*partir* - présent) pour Verrières.

Chapitre 8

Coup de théâtre

Julien ne répondait qu'à demi à la vive tendresse que Mathilde lui témoignait. Il restait silencieux et sombre. Jamais il n'avait paru si grand, si adorable aux yeux de la jeune fille. Elle redoutait quelque subtilité de son orgueil qui viendrait déranger toute la position.

Presque tous les matins, elle voyait l'abbé Pirard arriver à l'hôtel. Pour lui Julien ne pouvait-il pas avoir pénétré quelque chose des intentions de son père ? Le marquis lui-même, dans un moment de caprice, ne pouvait-il pas lui avoir écrit ? Après un aussi grand bonheur, comment expliquer l'air sévère de Julien ? Elle n'osa l'interroger.

Elle n'osa ! elle, Mathilde ! Il y eut dès ce moment dans son sentiment pour Julien, du vague, de l'imprévu, presque de la terreur. Cette âme sèche sentit de la passion pour tout ce qui en est possible dans un être élevé au milieu de cet excès de civiliation que Paris admire.

Le lendemain, Julien était au presbytère de l'abbé Pirard qui lui donna vingt mille francs dont M. de La Mole lui faisait cadeau. M. de La Mole avait communiqué à l'abbé Pirard que M. Julien de La Vernaye aurait reçu cet argent de son père, qu'il était inutile de désigner autrement. M. de La Vernaye jugerait peut-être convenable de faire un cadeau à M. Sorel, charpentier à Verrières, qui soigna son enfance…

L'abbé Pirard dit qu'il avait déterminé M. de La Mole à transiger* avec cet abbé de Frilair, si jésuite. Et que la reconnaissance implicite de la haute naissance de Julien par cet homme qui gouverne Besançon serait une des conditions tacites de l'arrangement.

Julien embrassa l'abbé, il se voyait reconnu. Mais l'abbé repoussa cette manifestation de vanité mondaine.

Julien était déjà froid et hautain.

Peu de jours après, le régiment des hussards était en bataille à Strasbourg, M. le chevalier de La Vernaye montait le plus beau cheval de l'Alsace. Son adresse au pistolet éloignèrent l'idée de plaisanter à haute voix sur con compte.

De Strasbourg, Julien écrivit à M. Chélan, l'ancien curé de Verrières, lui fit allusion à sa position et lui envoya cinq cents francs pour les pauvres.

Il était ivre d'ambition et non pas de vanité. Il ne pensait qu'à la gloire et à son fils, lorsqu'un matin, il reçut une lettre de Mathilde lui disant que tout était perdu, qu'il devait accourir le plus vite possible, déserter s'il le fallait.

Avec une rapidité incroyable, Julien arriva près de la porte du jardin.

— Tout est perdu, lui dit Mathilde qui se jeta dans ses bras. Mon père ne consentira pas à mon mariage. Il dit que je dois lire la lettre qu'il a reçue de Mme de Rênal et que je dois renoncer *franchement* à un homme vil.

Julien demanda à voir la lettre de Mme de Rênal. Elle communiquait la conduite condamnable de Julien, un être qui, à l'aide de l'hypocrisie et de la séduction d'une femme faible et malheureuse mais riche, avait cherché à devenir quelque chose.

— Je ne puis blâmer M. de La Mole, dit Julien. Quel père voudrait

transiger faire des concessions

donner sa fille chérie à un tel homme ! Adieu !

Julien partit immédiatement pour Verrières. Là, il entra chez l'armurier du pays où il acheta deux pistolets que ce dernier chargea.

Les *trois coups* annonçant le commencement de la messe sonnaient.

Julien entra dans l'église. Toutes les fenêtres avaient des rideaux cramoisis.

Julien se trouva à quelques pas derrière le banc de Mme de Rênal. Il lui sembla qu'elle priait. La vue de cette femme qui l'avait tant aimé fit trembler le bras de Julien et ne lui permit pas d'exécuter son dessein. Lorsque Mme de Rênal baissa la tête, il ne la reconnut plus aussi bien, il tira sur elle un coup de pistolet et la manqua ; il tira un second coup, elle tomba.

Julien resta immobile. Quand il revint à lui, tous les fidèles s'enfuyaient. Bousculé, il tomba ; en se relevant, il sentit un gendarme qui l'arrêtait.

Il fut conduit à la prison. On entra dans une chambre, on lui mit les fers aux mains, on le laissa seul.

« Ma foi, tout est fini », dit-il tout haut… « Oui, dans quinze jours la guillotine… ou se tuer d'ici là. » Son raisonnement n'allait pas plus loin ; il se sentait la tête comme si elle avait été serrée avec violence. Il regarda pour voir si quelqu'un le tenait. Après quelques instants, il s'endormit profondément.

Mme de Rênal n'était pas blessée mortellement. La seconde balle l'avait frappée à l'épaule. Quand le chirurgien lui dit qu'il répondait de sa vie comme de la sienne, elle fut profondément affligée.

Depuis longtemps, elle désirait la mort. La lettre qui lui avait été imposée par son confesseur actuel, et qu'elle avait écrite à M. de La Mole, avait frappé cet être affaibli par un malheur constant.

Ce malheur était l'absence de Julien, que son confesseur, nouvellement arrivé, appelait *remords*.

« Mourir ainsi n'est point un péché », pensait Mme de Rênal. « Et mourir de la main de Julien, c'est le comble des félicités. »

Elle fit appeler Élisa, sa femme de chambre.

— Le geôlier*, lui dit-elle, est un homme cruel. Cela m'est insupportable. Allez lui remettre ces quelques louis*. Vous lui direz que la religion ne permet pas qu'il le maltraite…

C'est à cela que Julien dut l'humanité du geôlier de Verrières.

Un juge parut dans la prison.

— J'ai donné la mort avec préméditation, lui dit Julien ; j'ai acheté et fait charger les pistolets chez l'armurier. Je mérite la mort, et je l'attends.

« Il me reste un ennuyeux devoir à remplir », pensa Julien, « il faut écrire à Mlle de La Mole ».

Il lui écrivit qu'il s'était vengé et qu'il allait mourir deux mois plus tard. Il lui dit aussi que si elle avait absolument besoin d'un ami, il lui léguait l'abbé Pirard. Mais il lui demandait de ne parler à nul autre, surtout pas aux gens de sa classe.

Il termina en lui demandant d'épouser, un an après sa mort, M. de Croisenois. Il le lui ordonna comme étant son époux.

Après avoir fait partir la lettre, Julien fut très malheureux et se mit à penser à la mort, mais celle-ci n'était pas *horrible* à ses yeux. Il n'eut pas de remords car il considéra avoir été offensé d'une manière atroce.

Quand le geôlier lui apporta à souper, Julien lui demanda :

— Que dit-on dans Verrières ?

Le geôlier ne pouvait répondre. Il dit toutefois au bout d'un moment :

geôlier gardien d'une prison

louis dénomination de la monnaie d'or française depuis 1640

— Avec l'amitié que j'ai pour vous, je puis vous apprendre que Mme de Rênal va mieux.

— Quoi ! elle n'est pas morte ! s'écria Julien.

— Quoi ! vous ne saviez rien ! dit le geôlier avec cupidité.

Julien comprit que le geôlier prenait une mauvaise route pour arriver à la vérité. Il lui jeta un napoléon*.

À mesure que le récit de cet homme prouvait que la blessure de Mme de Rênal n'était pas mortelle, il se sentait gagné par les larmes.

Le geôlier sortit. Seulement alors, Julien commença à se repentir du crime commis. « Ainsi elle vivra ! », se disait-il… « Elle vivra pour me pardonner et pour m'aimer… »

Le surlendemain, Julien fut conduit à la prison de Besançon où on eut la bonté de le loger à l'étage supérieur d'un donjon* gothique. Il avait une échappée de vue superbe.

Il n'avait plus d'ambition. Il pensait rarement à Mlle de La Mole. Plein de remords, il voyait sans cesse l'image de Mme de Rênal.

Par moments, il se disait que s'il avait blessé à mort Mme de Rênal, il se serait tué.

« Me tuer ! ma foi non », se dit-il après quelques jours, « Napoléon a vécu… D'ailleurs, la vie m'est agréable ; ce séjour est tranquille. »

Il entendit un grand bruit ; la porte s'ouvrit et le vénérable curé Chélan, tout tremblant et la canne à la main, se jeta dans ses bras.

— Ah ! grand Dieu ! est-il possible, mon enfant… Monstre ! devrais-je dire. Avant-hier seulement, je reçois votre lettre de Strasbourg, avec vos cinq cents francs pour les pauvres de Verrières. Hier, j'apprends la catastrophe… Ô ciel ! est-il possible ! Et le vieillard, qui avait l'air privé d'idée, ajouta machinalement : vous aurez besoin de vos cinq cents francs, je vous les rapporte.

napoléon pièce d'or française de 20 francs créée en 1803 par le premier consul Napoléon Bonaparte
donjon tour principale d'un chêteau fort

— J'ai besoin de vous voir, mon père ! s'écria Julien en lui prenant les mains.

M. Chélan versait quelques larmes, puis il regardait Julien.

On vint le chercher en disant à Julien qu'il ne fallait pas le fatiguer.

Cette apparition laissa Julien plongé dans un malheur cruel. Sans consolation, il sentait son cœur glacé dans sa poitrine. Il venait de voir la mort, et dans toute sa laideur.

Le lendemain à son réveil, Julien eut honte de la journée de la veille. « Et Fouqué ? » pensa-t-il.

Fouqué aussi arriva ; cet homme simple et bon était éperdu de douleur. Son unique idée était de vendre tout son bien pour séduire le geôlier et faire sauver Julien.

— Tu me fais peine, lui dit Julien. Je suis coupable… Mais est-il vrai ? Quoi ! tu vendrais tout ton bien ? dit Julien.

Fouqué, ravi, lui détailla tout son programme. « Quel est celui de ces beaux Parisiens qui serait capable d'un tel sacrifice ? » pensa Julien.

Cette vue du *sublime* rendit à Julien toute la force que l'apparition de M. Chélan lui avait fait perdre.

Les interrogatoires devenaient plus fréquents. Julien répétait chaque jour :

— J'ai tué ou du moins j'ai voulu donner la mort et avec préméditation.

Julien ne sut pas qu'on avait voulu le transférer dans un affreux cachot*, et que c'était grâce à Fouqué qu'on lui laissa sa jolie chambre.

M. l'abbé de Frilair était au nombre des hommes importants qui achetaient à Fouqué leur provision de bois de chauffage. Il annonça à Fouqué qu'il comptait recommander Julien aux juges. Fouqué entrevit l'espoir de sauver son ami, et en sortant le pria de distribuer en messes une somme de dix louis.

cachot cellule de prison étroite et sombre

M. de Frilair refusa et chercha même à lui faire entendre qu'il ferait mieux de garder son argent. « Ce Julien est un être singulier dont l'action est inexplicable », pensait M. de Frilair. « Peut-être pourrai-je voir dans toute cette histoire un moyen de réconciliation avec M. de La Mole, qui a un faible pour ce petit séminariste. La preuve en est cette mystérieuse naissance de Julien le jour même de l'assassinat de Mme de Rênal. »

Le seul événement désagréable entre Julien et la mort était la visite de son père.

Les portes du donjon s'ouvrirent et une femme vêtue en paysanne se précipita dans ses bras ; il eut peine à la reconnaître. C'était Mlle de La Mole.

— Méchant, je n'ai su que par ta lettre où tu étais. Ce que tu appelles ton crime, et qui n'est qu'une noble vengeance qui me montre toute la hauteur du cœur qui bat dans cette poitrine, je ne l'ai su qu'à Verrières…

Malgré ses préventions contre Mlle de La Mole, Julien la trouva fort jolie. Il vit dans sa façon d'agir et de parler un sentiment noble, désintéressé.

— L'avenir était clair à mes yeux. Après ma mort, je vous remariais à M. de Croisenois qui aurait épousé une veuve qui comprendrait le mérite du jeune marquis. Mais, chère Mathilde, votre arrivée à Besançon va être un coup mortel pour M. de La Mole !

— Je m'attendais peu à tant de froide raison, dit Mlle de La Mole. Sous un faux nom, j'ai offert cent francs à un secrétaire du juge qui prétendait que l'entrée dans ce donjon était impossible. Mais j'ai aussi été obligée de lui jurer que j'étais ta femme, je peux te voir chaque jour.

Mathilde lui proposa sérieusement de se tuer avec lui. « La folie est complète », pensa Julien.

Mathilde vit les premiers avocats du pays, auxquels elle offrit de l'or. Elle comprit que tout dépendait, à Besançon, de M. l'abbé de Frilair. Elle obtint une audience.

Dès qu'elle aperçut M. de Frilair, toutes ses craintes disparurent. Ainsi il ne fallut que quelques instants à M. de Frilair pour amener Mathilde à lui avouer qu'elle était la fille de son puisant adversaire, le marquis de La Mole.

Mathilde lui dit, l'air hautain, qu'elle venait le consulter pour procurer l'évasion de M. de La Vernaye, d'abord parce que la femme sur laquelle il a tiré se porte bien. Et parce qu'en second lieu, elle pouvait remettre cinquante mille francs et s'engager pour le double afin de séduire les subalternes.

Elle ajouta à M. de Frilair qu'elle avait épousé Julien en secret, que son père désirait qu'il soit officier supérieur avant de déclarer ce mariage. Mais elle remarqua une expression de fausseté sur son visage.

L'abbé avait des doutes, il relisait lentement les documents officiels. « Me voici tout d'un coup en relation intime avec une amie de la célèbre maréchale de Fervaques, nièce toute-puissante de monseigneur l'évêque de ***, par qui l'on est évêque de France. Cela peut me conduire à l'épiscopat », se dit-il.

M. de Frilair expliqua alors à Mathilde que le choix des trente-six jurés, qui pouvait compter huit ou dix amis, dépendait de lui et qu'il pouvait faire absoudre avec facilité. Il s'arrêta tout à coup car il avouait des choses que l'on ne dit jamais aux profanes.

Mais Mathilde fut surprise quand il lui apprit que tout Besançon s'étonnait de la grande passion de Julien pour Mme de Rênal.

— Je ne serais pas surpris, lui dit-il, que M. Sorel ait tiré deux coups à cette femme autrefois tant aimée.

En sortant de l'évêché, Mathilde n'hésita pas à écrire à

Mme de Fervaques. Elle conjurait sa rivale d'obtenir une lettre pour M. de Frilair, écrite de la main de monseigneur l'évêque***.

D'après le conseil de Fouqué, elle ne parla pas de cette démarche à Julien. Les geôliers, bien payés, la laissaient régner dans la prison. Elle faisait preuve d'un dévouement sans fin dont Julien se trouvait peu digne. Et pourtant il ne connaissait pas toutes les folies dont Mathilde accablait le bon Fouqué.

« Il est singulier », se disait Julien, un jour que Mathilde sortait de sa prison, « qu'une passion si vive et dont je suis l'objet me laisse tellement insensible ! et je l'adorais il y a deux mois ! »

L'ambition de Julien avait fait place aux remords d'avoir assassiné Mme de Rênal. Son image et le souvenir des journées heureuses passées à Verrières ou à Vergy le poursuivaient.

Mathilde devina les sentiments de Julien pour Mme de Rênal. Elle en fut fortement jalouse et sa passion n'eut désormais ni bornes ni mesure.

« S'il meurt, je meurs avec lui », se disait-elle avec toute la bonne foi possible.

— J'ai une grâce à vous demander, lui dit un jour son amant : mettez votre enfant en nourrice à Verrières, Mme de Rênal surveillera la nourrice.

— Ce que vous me dites là est très dur… Et Mathilde pâlit.

— Il faut convenir, chère amie, que les passions sont un accident dans la vie, mais cet accident ne se rencontre que chez les âmes supérieures…

Après quelques réflexions sur la possibilité qu'aurait Mathilde d'épouser le marquis de Croisenois ce qui ne la déshonorerait pas car veuve d'un fou qui ne fut toutefois pas un méchant homme, il eut de nouveau l'idée qui choquait tant Mathilde.

— Dans quinze ans vous regarderez comme une folie excusable l'amour que vous avez eu pour moi… dans quinze ans Mme de Rênal adorera mon fils, et vous l'aurez oublié, lui dit-il.

Cet entretien fut coupé par un interrogatoire.

— Il y a meurtre, et meurtre avec préméditation, dit Julien au juge comme à l'avocat. J'en suis fâché, Messieurs, ajouta-t-il en souriant ; mais ceci réduit votre besogne à bien peu de chose.

L'avocat le croyait fou et pensait que c'était la jalousie qui lui avait mis le pistolet à la main. Il dit à Julien que ce serait une bonne plaidoirie*.

— Sur votre vie, Monsieur, s'écria Julien hors de lui, souvenez-vous de ne plus proférer cet abominable mensonge.

Le prudent avocat eut peur un instant d'être assassiné. L'instant décisif approchait rapidement.

Ce jour-là, Fouqué et Mathilde ayant voulu lui apprendre des bruits publics pleins d'espoir, Julien les avait arrêtés dès le premier mot.

— Laissez-moi ma vie idéale. Vos petites tracasseries me tireraient du Ciel. On meurt comme on peut.

« Il est singulier pourtant que je n'aie connu l'art de jouir de la vie que depuis que j'en vois le terme si près de moi », se disait-il. Sa pensée était à Vergy. Jamais il ne parlait de Mme de Rênal à Fouqué, mais deux ou trois fois cet ami lui dit qu'elle se rétablissait rapidement, et ce mot retentit dans son cœur.

Pendant que l'âme de Julien était presque toujours dans le pays des idées, Mathilde, occupée des choses réelles, avait su avancer à un tel point l'intimité de la correspondance directe entre Mme de Fervaques et M. de Frilair, que déjà le grand mot *évêché* avait été prononcé.

plaidoirie action de défendre oralement une cause devant les juges

M. de Frilair en arriva à ne pas douter de sauver Julien car il était certain d'obtenir un verdict favorable.

De son côté Mme de Rênal arriva à Besançon. Elle promit à son mari, qui fut pris de terreur, qu'elle ne paraîtrait pas en cour d'assises. Mais elle écrivit une lettre à tous les jurés leur disant qu'elle ne désirait qu'une chose : c'est qu'il soit sauvé car peu coupable, et que s'il était conduit à la mort, elle en mourrait.

Compréhension

1 Coche la bonne réponse.

Qui offre à Julien la somme de vingt mille francs ?

- ☐ L'abbé Pirard.
- ☑ M. de La Mole.
- ☐ Le père Sorel.

1 Pourquoi M. de La Mole ne veut-il pas que le bienfaiteur soit désigné ?

A ☐ Pour laisser croire que Julien est vraiment né noble.
B ☐ Parce que le père Sorel a volé cet argent.
C ☐ Parce que c'est une somme trop importante.

2 Pourquoi M. de La Mole ne veut-il plus que Mathilde épouse Julien ?

A ☐ Parce que c'est un menteur.
B ☐ Parce qu'en fait Julien n'a pas l'intention d'épouser Mathilde.
C ☐ Parce que Mme de Rênal a décrit dans sa lettre les intentions de Julien.

3 Que fait Julien lorsqu'il arrive dans l'église de Verrières ?

A ☐ Il ne se décide pas à tirer sur Mme de Rênal.
B ☐ Il tire deux coups de pistolet sur Mme de Rênal.
C ☐ Il ne tire qu'un coup de pistolet et la touche.

4 Pourquoi Mme de Rênal a-t-elle écrit la lettre à M. de La Mole ?

A ☐ Parce qu'elle était jalouse.
B ☐ Parce qu'elle haïssait Julien.
C ☐ Parce qu'elle en a été obligée par un jeune prêtre, son confesseur.

5 Qu'est-ce que Julien a compris à propos du geôlier ?

A ☐ Qu'il ne disait la vérité que si on lui donnait de l'argent.
B ☐ Qu'il ne disait jamais la vérité.
C ☐ Qu'il ne voulait pas d'argent, mais des cigarettes.

6 Quelle est la réaction de Mathilde lorsqu'elle apprend le geste de Julien ?

A ☐ Elle en est horrifiée.
B ☐ Elle ne veut plus voir Julien.
C ☐ Elle minimise son geste en disant qu'il ne s'agit que d'une noble vengeance.

7 Que fait l'abbé de Frilair lorsque Mathilde va le voir ?

A ☐ Il dit à Mathilde qu'il ne peut rien faire.
B ☐ Il laisse entendre à Mathilde qu'il peut influencer les jurés.
C ☐ Il dit à Mathilde de s'adresser à la maréchale, Mme de Fervaques.

8 L'ambition de Julien fait place aux remords, pourquoi ?

A ☐ Parce qu'il a peur de mourir.
B ☐ Parce qu'il aime éperdument Mathilde.
C ☐ Parce qu'il repensait avec un tendre amour aux moments passés avec Mme de Rênal.

9 Quelles sont les prédictions de Julien sur le sort de Mathilde ?

A ☐ Qu'elle l'aimera toujours et ne l'oubliera jamais.
B ☐ Qu'elle l'oubliera très vite.
C ☐ Qu'elle s'occupera toujours de son enfant.

10 Pourquoi l'abbé de Frilair est convaincu de sauver Julien ?

A ☐ Parce que Julien est innocent à ses yeux.
B ☐ Parce qu'il est si puissant que tous lui obéissent.
C ☐ Parce qu'il est certain d'obtenir un verdict favorable.

DELF – Production écrite

2 Écris une lettre dans laquelle Mathilde se présente à l'abbé de Frilair et affirme qu'elle est mariée avec Julien. Elle lui dit aussi que Julien n'est pas coupable et pour quelles raisons.

Vocabulaire et grammaire

3 Le passé composé. Complète avec l'auxiliaire *être* ou *avoir* et accorde le participe passé s'il le faut.

« Quoi donc », (0) ....s'est dit.... (*se dire*) Julien, « je (1) .... (*trouver*) auprès d'elle des moments de distraction et même de l'ennui. Elle (2) .... (*se perdre*) pour moi et c'est ainsi que je (3) .... (*l'en récompenser*). » Cette question l'aurait bien peu occupé quand il était ambitieux.

Exaltée par un sentiment dont elle (4) .... (*être*) fière, et qui (5) .... (*l'emporter*) sur tout son orgueil, elle (6) .... (*vouloir*) laisser passer un instant de sa vie sans démarches extraordinaires. Les projets les plus étranges (7) .... (*remplir*) ses longs entretiens avec Julien. Les geôliers, bien payés, l' (8)...................... (*laisser*) régner dans la prison. Les idées de Mathilde ne se sont pas bornées au sacrifice de sa réputation. Par ses amis employés auprès du roi, elle (9) .... (*être*) sûre d'être admise auprès de lui.

« Il est singulier » , (10) .... (*se dire*) Julien, « un jour que Mathilde sortait de sa prison, qu'une passion si vive et dont je (11) .... (*être*) l'objet me laisse tellement insensible ! et je (12) .... (*l'adorer*) il y a deux mois ! »

L'ambition (13) .... (*mourir*) en son cœur, une autre passion (14) .... (*y sortir*) de ses cendres ; il (15) .... (*l'appeler*) le remords d'avoir assassiné Mme de Rênal. En fait, il en était éperdument amoureux. Il (16) .... (*trouver*) un bonheur singulier quand, laissé absolument seul et sans crainte d'être interrompu, il (17) .... (*pouvoir*) se livrer tout entier au souvenir des journées heureuses qu'il (18) .... (*passer*) jadis à Verrières ou à Vergy. Les moindres incidents de ces temps envolés (19) .... (*avoir*) pour lui une fraîcheur et un charme irrésistibles.

Ces dispositions, la jalousie de Mathilde (20) .... (*les deviner*).

Vocabulaire et grammaire

4 Complète le texte avec les expressions de l'hypothèse suivantes, puis écris si Julien sera acquitté ou non.

~~si~~ • en paraissant à • à la seule condition que • Que j'apprenne que • À moins que • qu'au cas où • Si •Si

— (0) ......Si...... la loi jacobine n'avait pas prescrit la formation d'une liste de jurés, disait M. de Frilair à Mathilde, j'aurais répondu du *verdict*.

— (1) .... parmi ceux-ci, il y ait quelqu'un comme M. Valenod, répondit Mathilde. Valenod est mon agent. Il nous aidera.

Les noms des jurés furent dans le journal du lendemain. Mme de Rênal voulut aller à Besançon.

— Tu peux y aller (2) .... tu ne quittes point ton lit. (3) .... tu étais appelée en témoignage, quel désagrément ce serait !

Mais Mme de Rênal répliqua :

— Vous ne comprenez pas ma position, alors vous ne pouvez pas savoir. Et si Valenod et M. de Frilair cherchent à m'être désagréables face au procureur et aux jurés ?

Mais Mme de Rênal céda à son mari car, se disait-elle, (4) .... la cour d'assise, elle aurait l'air de demander vengeance.

Pourtant elle pensa qu'elle devait écrire une lettre à chacun des jurés dans laquelle elle dirait (5) .... cet innocent aurait été conduit à la mort à cause d'elle, cela empoisonnerait le reste de sa vie et que si Julien n'avait pas des ennemis puissants, l'acquitter serait plus facile.

— (6) .... vous hésitez le moins du monde, continuait-elle, et j'irai me jeter à vos pieds. (7) .... vous déclarez que la préméditation n'est pas certaine, vous n'aurez pas à vous reprocher le sang d'un innocent.

Chapitre 9

Le jugement

▶ 5 Enfin parut ce jour tellement redouté de Mme de Rênal et de Mathilde.

L'aspect étrange de la ville redoublait leur terreur, et ne laissait pas sans émotion même l'âme ferme de Fouqué. Toute la province était accourue à Besançon.

Mathilde avait en réserve une lettre de monseigneur l'évêque de ***, ce prélat* qui nommait les évêques, dans laquelle il demandait l'acquittement de Julien, qu'elle porta au tout-puissant grand vicaire, l'abbé de Frilair, la veille du jugement.

Celui-ci dit à Mathilde qui fondait en larmes :

— Je réponds de la déclaration du jury. Le baron Valenod, que j'ai fait maire de Verrières, saura faire voter selon mes ordres. J'ai fait dire à d'autres que c'est justement lui qui a mon dernier mot.

— Et qui est ce M. Valenod ? dit Mathilde inquiète.

— Si vous le connaissiez, vous ne pourriez douter du succès. C'est un parleur audacieux, imprudent, grossier. Il est capable de battre les autres jurés s'ils ne veulent pas voter à sa guise.

Mathilde fut un peu rassurée.

Une autre discussion l'attendait dans la soirée : Julien était résolu à ne pas prendre la parole.

— Mon avocat parlera, c'est bien assez, dit-il à Mathilde. Je ne serai que trop longtemps exposé en spectacle à tous mes ennemis qui désirent ma condamnation.

prélat dignitaire ecclésiastique

— Ils désirent vous voir humilié, répondit Mathilde, mais si vous dites un mot devant vos juges, tout l'auditoire sera pour vous.

Le lendemain à neuf heures, quand Julien descendit de sa prison pour aller au palais de justice, les gendarmes eurent beaucoup de peine à écarter la foule. Julien était fort calme. Il n'entendit pas un seul propos désagréable.

En entrant dans la salle de jugement, il fut frappé de l'élégance de l'architecture. Il se crut en Angleterre.

Mais son attention fut vite absorbée par quelques femmes qui étaient jeunes et fort jolies. Leurs yeux étaient brillants et remplis d'intérêt.

On aurait dit ce jour-là qu'il n'avait pas vingt ans. Il était habillé fort simplement. Mathilde avait voulu présider elle-même à sa toilette. La pâleur de Julien était extrême.

Un gendarme lui fit remarquer des dames qui occupaient le balcon au-dessus de l'amphithéâtre* où étaient placés les jurés. Parmi elles, il y avait Mme Derville…

— Mme Derville ! s'écria Julien, et une vive rougeur couvrit son front. Il ignorait l'arrivée de Mme de Rênal à Besançon.

Les témoins furent entendus. Puis l'avocat général évoqua la barbarie du crime commis, alors quelques dames fondirent en larmes.

Julien méprisait tous les hommes qui assistaient au jugement, mais peu à peu sa sècheresse d'âme disparut devant les marques d'intérêt dont il était l'objet.

L'avocat de Julien s'adressa aux jurés. Julien frémit. « Grand Dieu ! que diront mes ennemis ? »

Il allait céder à l'attendrissement, lorsqu'il surprit un regard insolent* de M. le baron de Valenod.

amphithéâtre salle garnie de gradins, de forme elliptique
insolent qui manque de respect

« Ses yeux sont flamboyants », se dit-il ; « quel triomphe pour cette âme basse ! Dieu sait ce qu'il dira de moi à Mme de Rênal ! »

Comme le président faisait son résumé, minuit sonna. « Voilà le dernier de mes jours qui commence », pensa Julien. Et quand le président des assises lui demanda s'il avait quelque chose à ajouter, il se leva.

Julien confirma son crime et insista sur le fait qu'il fut *prémédité*, qu'il méritait donc la mort. Il ajouta qu'il savait que des hommes voulaient punir en lui cette classe de jeunes gens qui, nés dans une classe inférieure et pauvres, avaient le bonheur de se procurer une bonne éducation et l'audace de se mêler à ce que l'orgueil des gens riches appelle la société. Il dit encore que son crime allait être jugé sévèrement du fait qu'il n'était pas jugé par ses pairs*, des paysans enrichis, mais uniquement par des bourgeois indignés.

Avant de finir, Julien dit son repentir, son respect, son adoration filiale et sans bornes* que, dans les temps plus heureux, il avait pour Mme de Rênal.

Une heure sonnait, les jurés se retirèrent dans leur chambre. Aucune femme n'avait abandonné sa place.

À deux heures, la porte des jurés s'ouvrit. M. le baron de Valenod s'avança d'un pas grave, il était suivi de tous les jurés. Il déclara que la décision unanime du jury était que Julien Sorel était coupable de meurtre avec préméditation : cette déclaration entraînait la peine de mort.

Mathilde, qui s'était cachée dans l'assistance, poussa un cri, ce qui rappela Julien aux choses de ce monde. On le ramena en prison et l'introduisit dans le cachot des condamnés à mort. Il était absorbé par ce qu'il dirait à Mme de Rênal, s'il avait le bonheur de la voir.

Puis ses pensées allèrent sur l'au-delà.

ses pairs personnes égales à lui

sans bornes sans limites

« Ma foi, si je trouve le Dieu des chrétiens, je suis perdu », se disait-il, « c'est un despote* rempli d'idées de vengeance… Mais si je trouve le Dieu de Fénelon ! Il me dira peut-être : Il te sera beaucoup pardonné, parce que tu as beaucoup aimé… »

« J'ai aimé Mme de Rênal, mais ma conduite a été atroce… » Il s'endormit.

Quelqu'un le réveilla le lendemain matin en le serrant fortement.

C'était Mathilde. Il la trouva changée : elle n'était pas reconnaissable.

— Cet infâme* Frilair m'a trahie, lui disait-elle, furieuse.

— N'étais-je pas beau hier quand j'ai pris la parole ? répondit Julien. J'improvisais, et pour la première fois de ma vie !

— Il est là dans la pièce voisine, lui répétait Mathilde d'une voix éteinte.

— Et qui est là ? lui dit-il d'un air doux.

— L'avocat, pour vous faire signer votre appel.

— Je n'appellerai pas.

— Comment ! vous n'appellerez pas, dit-elle en se levant et les yeux étincelant de colère, et pourquoi, s'il vous plaît ?

— Parce que, en ce moment, je peux mourir sans trop faire rire à mes dépens. Je prévois de voir des prêtres, mon père… Rien ne sera aussi désagréable. Mourons.

Cette contrariété réveilla l'orgueil de Mathilde. Elle n'avait pas pu voir l'abbé de Frilair : sa fureur retomba alors sur Julien.

Pourtant Julien ne l'écoutait pas. Il imaginait Mme de Rênal lisant dans le journal ces mots : *À dix heures et cinq minutes, il avait cessé d'exister.* Il ne pensait en effet qu'à Mme de Rênal pendant que Mathilde continuait de regretter de l'avoir aimé.

Mlle de La Mole fit entrer l'avocat qui tenta de lui faire changer d'avis. Avant de partir, il dit à Julien :

despote personne dont l'autorité sur les autres est tyrannique **infâme** ignoble

— Vous avez trois jours pour appeler, et je dois revenir tous les jours.

Lorsque Mathilde sortit enfin avec l'avocat, il se sentait beaucoup plus d'amitié pour l'avocat que pour elle.

Une heure après, il fut éveillé par des larmes qu'il sentait couler sur sa main. Il ouvrit les yeux : c'était Mme de Rênal.

— Ah ! je vous revois avant de mourir ? s'écria-t-il. Mon pardon, Madame, je ne suis qu'un assassin.

— Monsieur… je viens vous conjurer* d'appeler.

— Daignez me pardonner.

— Si tu veux que je te pardonne, lui dit-elle, appelle tout de suite.

Julien la couvrait de baisers.

— Viendras-tu me voir tous les jours pendant ces deux mois ?

— Je te le jure. À moins que mon mari ne me le défende.

— Je signe ! s'écria Julien. Tu me pardonnes ! Est-ce possible ?

Il la serrait dans ses bras ; il était fou. Mais elle jeta un cri parce que Julien, qui oubliait ses blessures, lui faisait mal.

Mme de Rênal raconta alors à Julien que la lettre qu'elle écrivit à M. de La Mole lui avait été dictée par un jeune prêtre qui dirigeait sa conscience.

— Quelle horreur m'a fait commettre la religion ! lui dit-elle.

Jamais Julien n'avait été aussi fou d'amour car il comprit qu'elle lui pardonnait.

— Je sens pour toi un mélange de respect, d'amour, d'obéissance, lui disait Mme de Rênal, tu me dirais de donner un coup de couteau au geôlier, que le crime serait commis sans que j'y aie songé.

— Je retire ma parole, s'écria Julien ; je n'appelle pas à la sentence de mort si tu cherches à nuire ou à mettre fin à ta vie.

— Si nous mourions tout de suite ? lui dit-elle enfin.

conjurer supplier

Julien continuait de dire qu'il n'avait jamais été aussi heureux. Mme de Rênal, qui s'était compromise, dut jurer à Julien que jamais elle n'intenterait à sa vie car elle devait vivre pour son fils, que Mathilde abandonnerait dès qu'elle serait marquise de Croisenois. Mais Mme de Rênal lui demanda de nouveau de signer son appel*.

M. de Rênal fut informé des visites de sa femme à la prison. Il lui donna alors l'ordre de revenir à Verrières.

Un prêtre, qui s'était mis en tête de confesser Julien, attendait à la porte de la prison. Julien pensa qu'il voulait un article dans le journal… Toutefois il dit qu'on le fasse entrer.

L'hypocrisie de ce prêtre scandalisa Julien qui lui donna quarante francs pour qu'il dise une bonne messe et ainsi s'en débarrasser.

Pour la première fois, la mort lui parut horrible. Il aurait voulu que Mme de Rênal ait été à Besançon pour lui avouer sa faiblesse, mais justement à ce moment-là il entendit le pas de Mathilde.

Tout ce que Mathilde lui dit ne fit que l'irriter.

Elle lui raconta que, le jour du jugement, M. de Valenod avait en poche sa nomination de préfet, il avait donc osé se moquer de M. de Frilair et se donner le plaisir de le condamner à mort.

Julien invita Mathilde à sortir et à aller écouter une messe pour lui. Il voulait rester en paix.

Jalouse de Mme de Rênal, Mathilde fondit en larmes.

Sa douleur était réelle. Enfin elle le laissa seul, mais Fouqué parut presque au même instant.

— J'ai besoin d'être seul, dit-il à cet ami fidèle. Ne me parle pas de la mort.

Julien fut enfin seul. « Je suis un lâche » se répétait-il, « mais personne ne le saura. »

Le lendemain, avant qu'il se réveille, un vieux charpentier parut dans son cachot.

signer son appel signer son recours contre la décision du tribunal

Julien se sentit faible. Il s'attendait aux reproches les plus désagréables. Et justement ce matin-là, il éprouvait le remords de ne pas aimer son père.

Les reproches sévères du vieillard commencèrent dès qu'ils furent sans témoins.

Julien ne put retenir ses larmes ; il était au désespoir. Il ne savait comment renvoyer son père, quand il lui dit tout à coup :

— J'ai fait des économies !

Ce mot de génie changea la physionomie du vieillard qui brûla alors du désir de ne pas laisser échapper cet argent.

— Je donnerai mille francs à chacun de mes frères et le reste à vous, continua Julien.

— Il y a encore les frais de votre nourriture et de votre éducation que j'ai avancés…

Voilà donc l'amour de père ! se répétait Julien avec tristesse lorsqu'enfin il fut seul.

Bientôt parut le geôlier avec une bouteille de champagne que Julien désira boire en compagnie de deux prisonniers fort gais dont l'un raconta son histoire. Elle était abominable. Elle montrait un cœur courageux, où il n'y avait plus qu'une passion, celle de l'argent.

Après leur départ, Julien devint mélancolique et se dit que les salons de Paris étaient peuplés d'honnêtes gens tels que son père, ou de coquins* habiles tels que ces galériens*.

« J'ai commis un assassinat », pensa-t-il, « mais le Valenod qui m'a condamné est cent fois plus nuisible à la société. »

« Eh bien ! » ajouta-t-il tristement, mais sans colère, « malgré son avarice, mon père vaut mieux que tous ces hommes-là. »

Ainsi passèrent cinq longues journées. Il était doux envers Mathilde, qu'il voyait exaspérée* par la jalousie. Un soir Julien songeait

coquins personnage sans honneur
galériens forçats
exaspérée vivement irritée

sérieusement à se donner la mort. Le départ de Mme de Rênal l'avait jeté dans un malheur profond.

« J'ai aimé la vérité… Où est-elle ? … Partout hypocrisie…»

« Où est la vérité ? Dans la religion… Oui », ajouta-t-il avec mépris, « dans la bouche des prêtres comme des Frilair, des Castanède…»

« Je devins fou et injuste», se dit Julien. « Je suis isolé ici dans ce cachot ; mais je n'ai pas *Vécu isolé* sur la Terre. Le devoir que je m'étais prescrit a été comme le tronc d'un arbre solide auquel je m'appuyais pendant l'orage… je vacillais* mais je n'étais pas emporté. »

« Ce n'est pas la mort, ni le cachot, c'est l'absence de Mme de Rênal qui m'accable. »

Fouqué arriva dans la nuit. Julien accepta de se confesser à un janséniste inaccessible à l'intrigue, ami de M. Pirard.

Mme de Rênal, qui s'était sauvée de Verrières, revint et obtint à force d'or de le voir deux fois par jour ; il lui confia ouvertement ses faiblesses. Mais à cette nouvelle, la jalousie de Mathilde s'exalta jusqu'à l'égarement. Elle fit suivre Mme de Rênal afin de connaître ses moindres démarches pendant que M. de Frilair faisait tout son possible pour prouver à Mathilde que Julien était indigne d'elle. Au milieu de tous ces tourments, Mathilde n'en aimait que plus Julien et, presque chaque jour, lui faisait une scène horrible.

Mlle de La Mole apprit la mort du marquis de Croisenois survenue lors d'un duel contre un homme qui avait eu des propos désagréables sur sa disparition. Cet événement changea toutes les idées de Julien sur l'avenir de Mathilde. Mais celle-ci avoua à Julien combien elle était jalouse de Mme de Rênal et combien elle l'aimait, lui, cet amant infidèle.

Pour Julien, excepté dans les moments où Mathilde était présente, il était tout à Mme de Rênal.

je vacillais je risquais de tomber

— Je serais mort sans connaître le bonheur, si vous n'étiez venue me voir dans cette prison, lui disait-il.

Deux événements vinrent troubler cette vie tranquille. Le confesseur de Julien, tout janséniste qu'il était, ne fut point à l'abri d'une intrigue. Il dit à Julien qu'il devait présenter une demande de grâce qu'il obtiendrait certainement, mais à condition qu'il se convertisse avec éclat... Héros des jeunes femmes de Besançon, sa conversion retentirait dans leur cœur.

L'autre incident vint de Mme de Rênal qui était persuadée qu'il était de son devoir de partir pour Saint-Cloud et d'aller se jeter aux genoux du roi Charles X.

— J'irai au roi, j'avouerai hautement que tu es mon amant. Je dirai que c'est par jalousie que tu as attenté à ma vie. L'humanité du jury, ou celle du roi te sauvera.

Mais Julien arriva à la dissuader* d'accomplir un tel geste.

Le mauvais air du cachot devenait insupportable à Julien. Par bonheur, le jour où on lui annonça qu'il fallait mourir, un beau soleil réjouissait la nature et Julien avait du courage. Marcher au grand air fut pour lui une sensation délicieuse, comme la promenade à terre pour le navigateur qui longtemps a été à la mer. Allons, tout va bien, se dit-il.

Jamais cette tête n'avait été aussi poétique qu'au moment où elle allait tomber. Les plus doux moments qu'il avait trouvés jadis dans les bois de Vergy revenaient en foule à sa pensée et avec une extrême énergie.

Tout se passa simplement, convenablement de sa part.

L'avant-veille, il avait dit à Fouqué qu'on ne le verrait point pâlir. Le matin du dernier jour, il lui avait demandé de faire enlever Mathilde

dissuader faire changer d'avis

et Mme de Rênal. Elles tomberaient dans les bras l'une de l'autre, ou se témoigneraient une haine mortelle.

Julien avait exigé de Mme de Rênal le serment qu'elle vivrait pour donner des soins au fils de Mathilde. Puis, il avait dit à Fouqué :

— J'aimerais reposer* dans cette petite grotte de la grande montagne qui domine Verrières.

Ce que Fouqué fit.

Il passait la nuit seul dans sa chambre auprès du corps de son ami, lorsqu'à sa grande surprise, il vit entrer Mathilde.

— Je veux le voir, lui dit-elle.

Fouqué n'eut pas le courage de parler ni de se lever. Il lui montra du doigt un grand manteau bleu sur le plancher ; là était enveloppé ce qui restait de Julien.

Elle se jeta à genoux. Ses mains tremblantes ouvrirent le manteau. Fouqué détourna les yeux.

Il entendit Mathilde marcher avec précipitation dans la chambre.

Elle alluma quelques bougies et plaça la tête de Julien sur une petite table de marbre, devant elle.

Elle suivit son amant jusqu'au tombeau qu'il s'était choisi. Un grand nombre de prêtres escortaient le cercueil et quand ils arrivèrent tous à la grotte, le service des morts fut célébré avec magnificence. Tous les habitants des petits villages de montagne traversés par le convoi* l'avaient suivi, attirés par la singularité de cette étrange cérémonie.

Ce service funèbre terminé, et restée seule avec Fouqué, elle voulut ensevelir de ses propres mains la tête de son amant. Fouqué faillit en devenir fou de douleur. Mathilde fit orner cette grotte de marbres sculptés d'Italie.

reposer être enterré
convoi cortège funèbre

Mme de Rênal fut fidèle à sa promesse. Elle ne chercha en aucune manière à attenter à sa vie ; mais, trois jours après Julien, elle mourut en embrassant ses enfants.

Compréhension

1 **Coche la bonne solution pour compléter chacune de ces phrases.**

Mathilde avait en réserve :

A ☐ des vêtements propres pour Julien ;
B ☑ une lettre du prélat qui nommait les évêques ;
C ☐ une lettre de son père qui lui pardonnait.

1 Quand Julien descendit de sa prison :

A ☐ les gendarmes eurent beaucoup de mal à écarter la foule ;
B ☐ Mathilde l'attendait dehors ;
C ☐ il tenta de s'évader.

2 L'avocat de Julien s'adressa aux jurés. Julien frémit. Grand Dieu !

A ☐ que dira Valenod ?
B ☐ que diront mes ennemis ?
C ☐ que dira mon père ?

3 Julien confirma son crime :

A ☐ mais demanda grâce ;
B ☐ mais dit qu'il n'était pas prémédité ;
C ☐ et insista sur le fait qu'il fut prémédité.

4 Le baron de Valenod s'avança d'un pas grave :

A ☐ il était suivi de tous les jurés ;
B ☐ il alla s'asseoir ;
C ☐ il regarda Julien dans les yeux.

5 Julien était absorbé par ce qu'il dirait à Mme de Rênal :

A ☐ mais rien ne lui vint à l'esprit ;
B ☐ mais il savait que c'était inutile ;
C ☐ s'il avait le bonheur de la voir.

6 Cet infâme Frilair m'a trahie :

A ☐ lui disait-elle, furieuse ;
B ☐ je m'y attendais ;
C ☐ et pourtant j'avais confiance.

7 Mathilde n'avait pas pu voir l'abbé de Frilair :
A ☐ elle l'attendit donc ;
B ☐ sa fureur retomba alors sur Julien ;
C ☐ elle s'en alla.

8 Je te le jure. À moins :
A ☐ que Mathilde soit trop jalouse ;
B ☐ que je tombe malade ;
C ☐ que mon mari ne me le défende.

9 M. Valenod avait donc osé se moquer de M. de Frilair et :
A ☐ se donner le plaisir de le condamner à mort ;
B ☐ ne pas se présenter au tribunal ;
C ☐ lui avait raconté comment les jurés avaient décidé.

10 Justement ce matin-là, il éprouvait :
A ☐ la certitude que Mathilde ferait tout son possible ;
B ☐ le remords de ne pas aimer son père ;
C ☐ le besoin de voir son père.

Grammaire

2 Ajoute la ponctuation dans le texte.

Je deviens fou et injuste se dit Julien en se frappant le front je suis isolé ici dans ce cachot mais je n'ai pas vécu isolé sur la Terre j'avais la puissante idée du devoir le devoir que je m'étais prescrit à tort ou à raison a été comme le tronc d'un arbre solide auquel je m'appuyais pendant l'orage je vacillais j'étais agité après tout je n'étais qu'un homme mais je n'étais pas emporté
C'est l'air humide de ce cachot qui me fait penser à l'isolement
Et pourquoi être encore hypocrite en maudissant l'hypocrisie ce n'est ni la mort ni le cachot ni l'air humide c'est l'absence de Mme de Rênal qui m'accable si à Verrières pour la voir j'étais obligé de vivre des semaines entières caché dans les caves de sa maison est-ce que je me plaindrais

Stendhal
L'observateur réaliste

Stendhal, pseudonyme d'Henri Beyle

Né à Grenoble le 23 janvier 1783, Stendhal, dont le vrai nom est Henri Beyle, est issu d'une famille bourgeoise. Sa mère meurt quand il a sept ans, et cela le marquera énormément. Il se révolte contre son père, avocat au parlement du Dauphiné, qui s'occupe peu de lui, est peu présent et éduque ses enfants avec beaucoup de rigidité aidé de la sœur de sa femme et d'un précepteur que Stendhal détestera. Alors il a beaucoup d'affection pour son grand-père maternel, admirateur du siècle des Lumières, qui l'initiera à l'esprit de liberté. La dureté de son précepteur fait naître en lui l'horreur de la religion et de la monarchie. Lorsqu'il a dix ans a lieu l'exécution de Louis XVI qu'il apprend donc avec enthousiasme. À treize ans, il entre à l'école centrale de Grenoble. Mais il aspire à aller à Paris, où il arrivera en 1799. Après le coup d'état de Napoléon Bonaparte, il fait partie de l'armée d'Italie, ce qui le passionne vu ses origines italiennes de par sa mère, et entre en Lombardie en 1800. Mais en 1802, il démissionne pour retourner à Paris. Là, il

Profil d'une œuvre

Peu avant 1830, deux faits divers donnent à Henri Beyle l'idée d'écrire *Le Rouge et le Noir*. Le principal est l'affaire du séminariste Berthet qui a été condamné à mort pour avoir tué sa maîtresse. Publié en 1830, il s'agit d'un roman qui observe toute la génération des derniers jours de la Restauration et les tensions politiques qui culminent à la Révolution de 1830. Réaliste sans le savoir, Beyle veut montrer « la vérité, l'âpre vérité ». Cette création littéraire compense en quelque sorte les déceptions et les mesquineries que la vie lui réserve, c'est ce qui explique le plaisir profond qu'il éprouve en écrivant.

Henri Beyle signera son roman du pseudonyme 'Stendhal' qu'il voulait qu'on prononce 'scandale'. Comme toutes les œuvres de Stendhal, *Le Rouge et le Noir* laisse ceux de ses contemporains qu'il n'a pas choqués assez indifférents. Son roman ne sera reconnu que vers la fin du XIXème siècle.

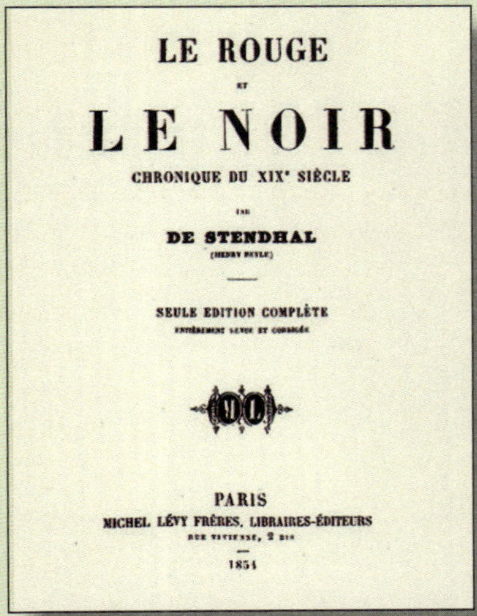
LE ROUGE

LE NOIR

CHRONIQUE DU XIXe SIÈCLE

DE STENDHAL

SEULE EDITION COMPLÈTE

PARIS

MICHEL LÉVY FRÈRES, LIBRAIRES-ÉDITEURS

1854

Épigraphe sur sa tombe que lui-même a voulu en italien « Henri Beyle, Milanais, j'ai écrit, j'ai aimé, j'ai observé ».

fréquente les théâtres, a plusieurs aventures amoureuses. Mais son rêve est l'écriture car il voulait être un auteur dramatique et rivaliser avec Molière. De 1806 à 1814, il suit l'armée impériale en Autriche et en Russie, puis il retourne à Paris où il est auditeur au Conseil d'État, mais il retourne à Milan où il vit jusqu'en 1821 et il tombe follement amoureux de Mathilde Dembowski. Suspecté de libéralisme, il se réfugie à Paris où il reste jusqu'à 1830.

Pendant toutes ces années, Henri Beyle n'a pas cessé d'écrire, mais sans grand succès. En 1830, il est consul en Italie. Il publiera diverses œuvres sous différents pseudonymes. Il ne signera 'Stendhal' qu'en 1817.

Enfin le succès arrive doucement avec *Le Rouge et le Noir*, puis surtout avec *La Chartreuse de Parme*, qui sera son œuvre majeure, et bien d'autres, bien que Stendhal ne soit vraiment apprécié, comme il le disait lui-même, qu'après 1880.

Il revient à Paris en 1841 et y meurt en 1842 d'une crise d'apoplexie.

Un climat où règne l'ennui

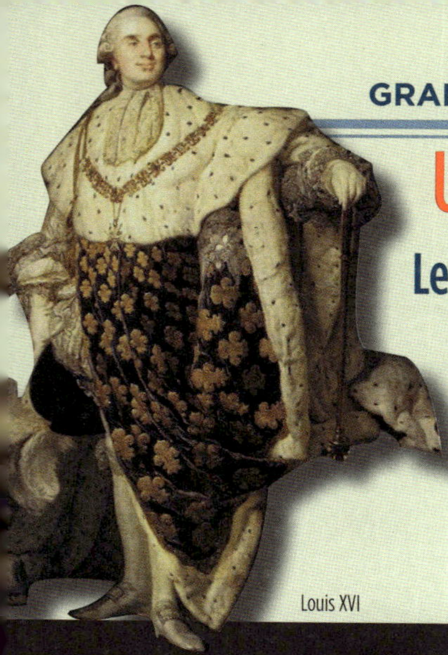

Louis XVI

Le mal du siècle

Les changements politiques qui ont eu lieu depuis la Révolution, suivie de l'Empire, puis de la Restauration et encore de la révolution de Juillet, à laquelle suivra l'avènement de Louis-Philippe, ont créé un climat tel qu'il a apporté, au fil du temps, un malaise existentiel surtout parmi les jeunes. Ceux-ci aspirent à la liberté apportée par la Révolution et que le triomphe de Napoléon Bonaparte a alimenté.

Mais le retour de la monarchie avec ses pouvoirs forts tue cet espoir. Les jeunes surtout, mais avec eux les plus démunis, ont donc la sensation de vivre sans repère. Ils éprouvent une éternelle incertitude, une éternelle insatisfaction car leurs désirs s'alternent avec leurs désillusions. Ils vivent des moments de mélancolie, d'angoisse profonde. À chaque brève certitude succède une sensation de doute. Pourtant assoiffés d'idéaux, ils ne rencontrent que l'ennui et des échecs. C'est ce profond sentiment d'ennui qui sera *le mal du siècle*.

Louis XVIII

	Dates biographiques	Repères historiques
1783	Naissance d'Henri Beyle à Grenoble	
1789		Révolution française
1793		Exécution du roi Louis XVI
1795-1799		Le Directoire
1799	Arrivée à Paris	
1800	Sous-lieutenant dans l'armée d'Italie	
1812	Participe à la campagne de Russie	
1814	S'installe à Milan	Première Restauration (Louis XVIII)
1821	Part pour Paris	Mort de Napoléon Bonaparte
1830	Nommé consul à Trieste puis à Civitavecchia	Révolution de Juillet – Louis-Philippe
1841	Retour à Paris	
1842	Meurt d'une crise d'apoplexie	

Le contexte social et religieux

La société de la Restauration est une société fermée. Les aristocratiques vivent dans la peur que leurs valeurs leur soient dérobées par le courant révolutionnaire qui souffle encore et se renouvelle constamment. Les bourgeois ne pensent qu'à s'enrichir, même si à l'époque de Stendhal ils ne sont pas encore une classe dominante. Quant à la jeunesse, elle est écartée de la vie politique car sans un revenu d'une certaine importance, elle n'est ni électeur ni éligible.La Renaissance provoque un renforcement de l'Église car les ultras au pouvoir associent la monarchie au catholicisme, ce qui permet aux jésuites de triompher. Il y a donc une division nette entre les jansénistes d'une part, dont font partie les libéraux et les révolutionnaires, et les jésuites de l'autre. C'est à ces derniers que se lient les ambitieux qui sèment la méchanceté, l'hypocrisie et l'arrivisme. *Le Rouge et le Noir* offre le tableau de la société française à travers les vicissitudes et intrigues variées de la noblesse de province, du milieu ecclésiastique et de l'aristocratie parisienne. Stendhal y exprime sa haine de l'absolutisme, mais aussi, sur le sillage de Voltaire, son anticléricalisme.

Combat devant l'Hôtel de Ville, 1830, Jean-Victor Schnetz

Stendhal, du romantisme à l'égotisme

Stendhal, un romantique dont l'esprit est voltairien

Le romantisme est le climat de la société de tout un siècle, né suite à la Révolution, qui s'est renforcé grâce au prestige de Napoléon, et auquel les curiosités de l'exotisme ont accentué le désir de rêverie.
Les romantiques ont le sentiment d'être en marge du monde alors, pour se sentir quelqu'un, ils écrivent, ils peignent, ils sculptent. Ils en viennent à penser que la souffrance est le privilège des âmes ne faisant pas partie du commun car, poussés par leur besoin de vivre une vie digne de ce nom, ils

Courbet, auto-portrait

recherchent l'unicité, l'anticonformisme. Leur souffrance devient alors source d'inspiration et les apaise. En littérature, le romantisme devient un courant littéraire où domine le lyrisme.

Stendhal, lui, est un romantique qui lutte contre le romantisme de ses contemporains car sa manière de sentir se différencie de la leur. Son grand-père maternel lui fait goûter, encore petit, la philosophie du XVIIIème siècle, il est donc fortement marqué par l'esprit voltairien. Ayant horreur de l'attendrissement facile, il n'aime pas les élans de la sensibilité et de l'imagination qu'il réprime, bien qu'il soit pourvu d'une intelligence toujours en éveil et passionnée, prête à s'enflammer. Il abhorre tout ce qui n'est pas vrai, authentique et rejette donc l'hypocrisie. Mais cette hypocrisie le tente, elle devient alors l'expression de sa haine pour la Restauration et contre la monarchie de Juillet. Dans ses romans, il en fait un jeu subtil, presqu'une forme d'art ; ce sera à travers l'ironie qu'affleurera la vérité profonde dont il est constamment à la recherche, une ironie qui sera toutefois très différente, parce que parfois même sympathique, de celle de Voltaire.

Le Beylisme

Il représente une conception de la vie et un art de vivre constamment à la recherche du bonheur. Henri Beyle et ses héros les plus typiques ont deux traits de caractère que certains ont jugé inconciliables : ce sont des épicuriens passionnés. L'essentiel de la vie est, pour Stendhal, une sorte de chasse au bonheur lors de laquelle les hommes se montrent véritablement eux-mêmes. Mais pour cela, ils doivent agir individuellement pour pouvoir analyser leurs passions, ce qui est réservé à l'élite des *Happy few*, qui sont ces êtres qui veulent l'indépendance, qui sont pourvus d'intelligence, de sensibilité, de jeunesse d'esprit, d'amour du beau, de refus des bassesses et de volonté.

L'égotisme

S'agissant d'un individualisme poussé à l'extrême, l'égotisme équivaut chez Stendhal à l'introspection psychologique. Il s'agit d'un individualisme voué au culte du moi, un culte qui ne baigne pas dans l'inquiétude, mais est gai, plein d'enthousiasme et désireux de conquête. Ce terme fait partie de la langue française depuis 1838 seulement. Dans *Ses souvenirs d'égotisme*, Stendhal a étudié les mécanismes de la conscience qui permettent à l'homme de penser, d'agir, de sentir tout en lui.

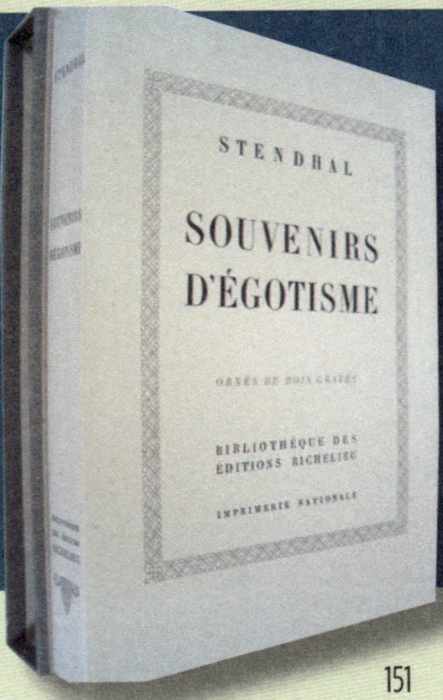

Le Rouge et le Noir au cinéma

Au début du XXème siècle, le cinéma devient rapidement une distraction appréciée de tous.
Le premier film adaptant *Le Rouge et le Noir* est un film de Mario Bonnard. Il s'agit d'un film muet en noir et blanc produit en 1920, en Italie.
Il y en eut un second toujours muet, produit en 1928 en Allemagne, dont le titre original allemand est *Der geheime Kurier*. Là encore il s'agit d'un film en noir et blanc produit par la maison Greenbaum-Film GmbH, Terra-Film AG.
Il y aura ensuite un film italien de Gennaro Righelli, sorti en 1947, dont le titre italien est *Il Corriere del re*. Il s'agit d'un film en couleurs, parlant.
Puis suivra *Le Rouge et le Noir* de Claude Autant-Lara (1954), avec Danielle Darrieux et Gérard Philipe (malheureusement mort à 37 ans quelques années plus tard). Il s'agit d'un film franco-italien.

En 1961, sortit un téléfilm français de Pierre Cardinal, *Le Rouge et le Noir*, avec Pierre Cardinal, Robert Etcheverry, Michel Etcheverry, Micheline Presle, Marie Laforêt, Jean-Roger Caussimon.

Suivra chronologiquement : *Le Rouge et le Noir*, un film soviétique de Sergueï Guerassimov, sorti en 1976, avec Nicolaï Eremenko, Natalia Belokhvostikova.

Enfin, un autre téléfilm, franco-allemand, *Le Rouge et le Noir*, de Jean-Daniel Verhaeghe, avec Carole Bouquet, Kim Rossi Stuart, Judith Godrèche, Claude Rich, Olivier Sitruk, sera diffusé en 1998.

Le *Rouge et le Noir* de Claude Autant-Lara, qui offre l'occasion à l'acteur Gérard Philipe de jouer dans un de ses rôles les plus célèbres, celui de Julien Sorel, est l'un des meilleurs parmi ces films. Il reste fidèle au roman dans ses grandes lignes, et nous pouvons dire que, de la complexité de l'œuvre de Stendhal transparaissent la peinture mordante de la société aristocratique et de l'Église sous la Restauration. En 1954, il reçut le prix Méliès, le prix du meilleur film français depuis 1946.
En 1997 le metteur en scène Jean- Daniel Verhaeghe offre la possibilité à Kim Rossi Stuart d'interpréter de façon brillante le rôle de Julien Sorel.

BILAN

1 Complète chaque paragraphe avec le nom du personnage qui accomplit l'action.

— Mon mari ne nous rejoindra pas, ajouta *Mme de Rênal*, avec son jardinier et son valet de chambre, il va s'occuper d'achever le renouvellement des paillasses de la maison. Ce matin il a mis de la paille de maïs dans tous les lits du premier étage, maintenant il est au second.
Julien changea de couleur.

1 Julien fut gauche et s'exagéra sa gaucherie. Mme de Rênal la lui pardonna bien vite. Elle y vit l'effet d'une candeur charmante. Et ce qui manquait précisément à ses yeux à cet homme, auquel on trouvait tant de génie, c'était l'air de la candeur.
— Ton petit précepteur m'inspire beaucoup de méfiance, lui disait quelquefois .... Je lui trouve l'air de penser toujours et de n'agir qu'avec politique. C'est un sournois.

2 Le lendemain de son arrivée, dès six heures du matin, l'.......................... fit appeler Julien :
— Je ne vous demande rien, lui dit-il, je vous prie, et au besoin je vous ordonne de ne rien me dire, j'exige que sous trois jours vous partiez pour le séminaire de Besançon ou pour la demeure de votre ami Fouqué qui est toujours disposé à vous faire un sort magnifique. J'ai tout prévu, tout arrangé, mais il faut partir, et ne pas revenir d'un an à Verrières.
Julien ne répondit pas.

3 « J'ai dix-neuf ans ! » pensa-t-elle, « et c'est l'âge du bonheur !... » disent tous les gens bêtes. Ses yeux si beaux s'arrêtèrent alors sur Julien. « Lui, il ne ressemblait pas aux autres », se dit-elle.
—. Monsieur Sorel, venez-vous ce soir danser chez M. de Retz ?
— Mademoiselle, je n'ai pas eu l'honneur d'être présenté à M. le duc.
— Il a chargé mon frère de vous amener chez lui.
.... ne répondait pas.
— Venez avec mon frère, ajouta-t-elle, d'un ton fort sec.

4 Il alla prendre l'échelle, et à une heure cinq minutes la posa contre la fenêtre de Mathilde. Comme il approchait de la fenêtre, ... ouvrit sans bruit :

— Vous voilà, Monsieur, lui dit Mathilde avec beaucoup d'émotion.

Julien était fort embarrassé, il ne savait comment se conduire, il n'avait pas d'amour du tout.

Il pensa qu'il fallait oser, il essaya d'embrasser Mathilde.

— Fi donc ! lui dit-elle en le repoussant.

5 — Vous avez la mine d'un trappiste, dit le prince Karasoff à Julien. L'air triste ne peut être de bon ton ; c'est l'air ennuyé qu'il faut. Ah ! ça, mon cher, avez-vous perdu tout votre argent, ou seriez-vous amoureux de quelque petite actrice ?

Ces plaisanteries sur l'amour mirent des larmes dans les yeux de Julien.

— Eh bien, oui, mon cher dit-il au prince, vous me voyez à Strasbourg fort amoureux et même délaissé. Une femme charmante !

Alors .... dicta à Julien une stratégie qui allait lui permettre de reconquérir le cœur de Mathilde.

6 Un jour .... dit à Mathilde :

— Je ne veux pas savoir où est cet homme, envoie-lui cette lettre.

Il s'agissait d'une lettre dans laquelle le marquis disait qu'il leur donnait les terre du Languedoc.

Cette donation surprit beaucoup Julien. Une fortune si imprévue pour un homme si pauvre en fit un ambitieux.

7 — Je m'attendais peu à tant de froide raison, dit .... Sous un faux nom, j'ai offert cent francs à un secrétaire du juge qui prétendait que l'entrée dans ce donjon était impossible. Mais j'ai aussi été obligée de lui jurer que j'étais ta femme.

Elle lui proposa sérieusement de se tuer avec lui. La folie est complète pensa Julien.

2 Complète le texte qui suit en insérant les mots de la grille. Fais les accords et conjugue les verbes convenablement.

HORIZONTALEMENT

4 Confidentiel.
8 Conformité à la réalité.
9 Établissement où l'on forme les hommes d'église.
11 Concentration de forces physiques ou morales.
12 Accepter sans trop de convictions.

VERTICALEMENT

1 Se séparer d'une personne.
2 Énervé, en colère.
3 Obligation morale.
5 S'enticher ardemment de quelqu'un.
6 Extrêmement.
7 Qui appartient à la noblesse.
10 Action de médire.

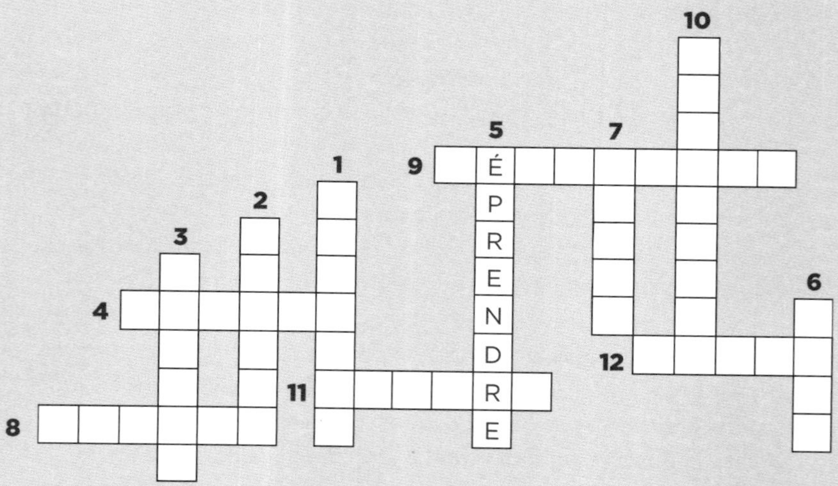

Julien Sorel, le fils d'un scieur de planches, est engagé comme précepteur par le maire de Verrières.

Julien est un jeune homme de dix-sept ans que son père méprise. Ce dernier est bien content de s'en débarrasser.

Arrivé chez les de Rênal, il (0) ....s'éprend.... de Mme de Rênal et décide de la séduire, ce qu'il considère un (1)............ qu'il s'impose. Surprise, Mme de Rênal lui résiste quelques temps, mais finit par (2) .... Les (3) .... circulent dans la ville, alors le vieil abbé de Chélan dit à Julien de (4) .... cette femme. Julien part donc pour le (5).............. de Besançon où il connaît l'abbé Pirard, mais où Julien s'ennuie au milieu de la médiocrité.

L'abbé Pirard arrive à faire engager Julien comme (6) .... chez le marquis de La Mole, ce que Julien accepte. Il va donc à Paris et fait la connaissance de la fille du marquis, Mathilde. Julien la trouve (7) .... jolie, mais aussi très orgueilleuse et parfois méchante. Il décide toutefois de lui faire la cour.

Mathilde est enceinte. Le marquis de La Mole en est très (8)................., mais il finit par accorder à Julien des terres et une naissance plus (9)....................

Mme de Rênal, poussée par un jeune curé, écrit une lettre au marquis de La Mole dans laquelle elle lui révèle sa relation passée avec Julien et le caractère vil de ce dernier. Julien se rend alors à Verrières pour tuer Mme de Rênal. Mais celle-ci est seulement blessée.

Julien est emprisonné et condamné pour meurtre avec préméditation malgré tous les (10).............. de ceux qui l'entourent pour éviter cette fin tragique.

Julien fait face à la mort avec sérénité car ce n'est que depuis qu'il est en prison qu'il trouve la (11)............ en lui et a enfin la certitude d'aimer profondément Mme de Rênal.

QUELQUES PERSONNAGES SECONDAIRES

Valenod est un bourgeois parvenu et hypocrite, rival de M. de Rênal qui fait tout pour réussir dans son ascension sociale.

Élisa est la femme de chambre de Mme de Rênal. Elle tombe amoureuse de Julien qu'elle espère épouser.

Fouqué, un marchand de bois ami d'enfance de Julien envers lequel Julien a confiance, qui fait preuve d'une grande générosité sincère quand, prêt à tout, il offre à Julien de sacrifier tous ses biens pour le sauver.

L'abbé Pirard, ami de l'abbé Chélan, est le directeur du séminaire. Janséniste sévère qui devient le protecteur de Julien, il le conseille honnêtement et avec une sorte de protection paternelle.

L'abbé de Frilair, jésuite, est un prêtre hypocrite qui, assoiffé de puissance, ne tiendra pas ses promesses. Julien a des sentiments de mépris envers lui.

Mme Derville, cousine et amie de Mme de Rênal, s'aperçoit et devient témoin de la relation entre Julien et sa cousine qu'elle ne peut accepter.

Madame de Fervaques, la veuve d'un maréchal que Julien feint de courtiser. C'est une personne très dévote attirée par la bonne éducation et les convenances.

CONTENUS

Vocabulaire

- Le portrait physique et moral.
- La famille, les amis, les connaissances.
- Les professions. La prêtrise.
- La vie en province.
- La vie en société à Paris sous la Restauration.
- Les niveaux sociaux.
- L'ambition et l'ascension sociale.
- Les intrigues sociales et politiques.
- Le pouvoir de l'argent.
- L'ennui, la solitude.
- La séduction, les remords, la rêverie.
- L'amour, la passion, l'amitié.

Grammaire

- Nature de la phrase et ordre des mots.
- Prépositions.
- Pronoms personnels sujets et compléments directs et indirects.
- Comparatifs.
- Indicatif et temps du passé.
- Conditionnel et expression du futur dans le passé.
- Subjonctif.
- Auxiliaires *être* et *avoir*.
- Accord du participe passé.
- Expression de l'hypothèse.
- Expression du temps.
- Expression de la conséquence.
- Ponctuation.

Niveau 1
Molière, *Le malade imaginaire*

Niveau 2
Voltaire, *Candide*

Niveau 3
Stendhal, *Le Rouge et le Noir*
Jules Verne, *Vingt mille lieues sous les mers*
Alain Fournier, *Le Grand Meaulnes*
Alexandre Dumas, *Le Comte de Monte-Cristo*

Niveau 4
Victor Hugo, *Les Misérables*
Gustave Flaubert, *Madame Bovary*